Inhaltsverzeichnis

Lerneinheit 1: Kurzgeschichten untersuchen

Autorin: Birgit Derzbach-Rudolph

Herausgeberin und Herausgeber

Herta **Heindl** unterrichtet an einer integrierten Gesamtschule die Fächer Deutsch und Gesellschaftslehre. Sie ist als Trainerin für das Projekt „Pädagogische Schulentwicklung" des Lehrerfortbildungsinstituts der ev. Kirchen in Landau/Pfalz tätig.

Markus **Kuhnigk** ist Lehrer für Deutsch und Katholische Religion an einem hessischen Gymnasium. Er ist am Studienseminar Gießen als Ausbildungsbeauftragter tätig und arbeitet in der Lehrerfortbildung.

Autorin

Birgit **Derzbach-Rudolph** unterrichtet an einer Berufsbildenden Schule in Rheinland-Pfalz die Fächer Deutsch, Betriebswirtschaftslehre und Methodentraining. Sie arbeitet als Trainerin des EFWI in Landau in der Lehrerfortbildung mit dem Schwerpunkt systematische Verbesserung der Unterrichtsqualität.

Hinweis zum Zeitansatz

Eine Lernspirale ist für 90 (45) Minuten konzipiert, bisweilen auch für mehrere Unterrichtsstunden. In der Regel wird nicht die volle Unterrichtszeit verplant, sondern pro Lernspirale ein Zeitpuffer von 5 bis 10 Minuten einkalkuliert (um aufzuräumen, organisatorische Alltagsgeschäfte zu erledigen oder Schülern ein Feedback zu geben).

Je nach Größe und Leistungsstärke der Lerngruppe muss der Zeitansatz, der im Stundenraster für jede Unterrichtsphase ausgewiesen ist, entsprechend angepasst werden.

Lerneinheit 2: Kreativ schreiben

Autorin: Birgit Derzbach-Rudolph

C Komplexere Anwendungs- und Transferaufgaben

Abkürzungen und Siglen

LS = Lernspirale
LV = Lehrervortrag
EA = Einzelarbeit
PA = Partnerarbeit
GA = Gruppenarbeit
PL = Plenum
HA = Hausarbeit/Hausaufgabe
M = Material
A = Aufgabe
L = Lehrerin oder Lehrer
S = Schülerinnen und Schüler

In den Erläuterungen zur Lernspirale wird für Lehrerinnen und Lehrer bzw. für Schülerinnen und Schüler ausschließlich die männliche Form verwendet. Dabei ist die weibliche Form stets mitgemeint.

Beispiel zum Aufbau der Lernspiralen

LS 01.M2

Verweis auf die Aufgabe in der Kopiervorlage **A3**

Verweis auf die Lernspirale und das Material

		Zeit	Lernaktivitäten	Material	Kompetenzen
1	EA	10′	S füllen einen Steckbrief aus.	M1.A1	- Stichpunkte machen - Fragen in vollständigen Sätzen beantworten - Aussagen über die eigene Person formulieren
2	PL/PA	5′	S führen beim Spiel *music stop* Kennenlerndialoge und benutzen dabei zunächst Fragekärtchen als Hilfestellung.	M1.A2, M2	
3	PL/PA	5′	S setzen das Spiel ohne Fragekärtchen fort.		
4	EA	5′	S bereiten einen Kurzvortrag über sich vor.	M1.A3	
5	GA	15′	Simultanpräsentation: S stellen sich in Gruppen vor.		
6	PL	5′	Zwei S stellen sich vor der Klasse vor.		

Arbeitsschritte

Unterschiedliche Sozialformen

Hinweise zum Zeitbedarf

Vielfältige Lernaktivitäten und Methodenanwendungen der Schüler

Verweis auf das Material und die Aufgaben in den Kopiervorlagen

Kompetenzen, die die Schüler erwerben können

Textbeispiele verschiedenen Textsorten zuordnen

		Zeit	Lernaktivitäten	Material	Kompetenzen
1	EA	5′	S lesen Texte und entscheiden sich für einen, der ihnen besonders gut gefällt.	M1.A1	- verschiedene Textsorten unterscheiden - Textschemata erfassen - einem Sachtext Informationen entnehmen - sinnerfassend lesen - eine eigene Meinung begründen - mit Hilfe von Stichwörtern Arbeitsergebnisse vortragen - aufmerksam zuhören - Feedback geben
2	EA	10′	S lesen Infokasten und ordnen Textbezeichnungen zu.	M1.A2	
3	PA	10′	S vergleichen Ergebnisse mit Partner und begründen diese.	M1.A3	
4	PL	15′	S gleichen Ergebnisse ab, L ergänzt bei Bedarf. S nennen Erkennungsmerkmale der Textsorten und weitere Beispiele.		
5	PA	10′	S ordnen den Textsorten die passenden Beschreibungen zu.	M1.A4	
6	GA	15′	S bereiten Kurzvortrag zu einer zugelosten Textsorte vor.	M1.A5	
7	PL	15′	S halten Kurzvortrag.		
8	HA		S wählen einen Text aus, bestimmen seine Textsorte und die Merkmale, formulieren daraus einen Kurzvortrag und tragen diesen vor.		

Erläuterungen zur Lernspirale

✓ Merkposten

Für die Bildung von Zufallsgruppen sind geeignete Losgegenstände (z. B. Ziffernkarten, Kartenspiele) vorzubereiten.

Hinweis für AS 6
Die Gruppen sollten eine Stärke von fünf Personen nicht überschreiten und eine Mindestzahl von drei Personen nicht unterschreiten. Das bedeutet, dass bei mehr als vier Gruppen die Textbausteine von mehr als einer Gruppe bearbeitet werden müssen. In einem solchen Fall wird ausgelost, welche Gruppe präsentiert.

Ziel der Doppelstunde ist, dass die Schüler ihr Vorwissen zu verschiedenen Textsorten auffrischen. Die Schüler informieren sich über Merkmale verschiedener Textsorten und belegen diese an den Beispieltexten. Der Schwerpunkt des Unterrichts sollte auf dem Erkennen der Unterschiede von Textsorten liegen.

Zum Ablauf im Einzelnen:
Im **1. Arbeitsschritt** lesen die Schüler die vier Texte. Sie entscheiden, welcher Text ihnen besonders gut gefällt, überlegen aber auch, warum dies so ist und finden eine auf den Text bezogene Begründung. Häufig ist die Neugierde der Schüler groß, für welchen Text sich der Tischnachbar entschieden hat. Daher ist im Anschluss ein kurzer Austausch vorgesehen.

Im **2. Arbeitsschritt** informieren sich die Schüler mit Hilfe des Infokastens auf dem Arbeitsblatt über Textsorten. Sie notieren anschließend unter den Texten auf der Leerzeile den Begriff der Textsorte, den sie für richtig halten. Hier ist es wichtig, die Schüler darauf hinzuweisen, zunächst wirklich alleine zu arbeiten und auf diese Weise das eigene Vorwissen einzubringen und anzuwenden.

Im **3. Arbeitschritt** besprechen die Schüler ihre Ergebnisse und vergleichen sie mit denen des Tandempartners.

Der **4. Arbeitsschritt** soll die Weiterarbeit erleichtern, indem die Schüler ihre Ergebnisse im Plenum vorstellen und ihre Wahl begründen. Die anderen Schüler vergleichen mit ihren Ergebnissen, ergänzen oder stellen Rückfragen. Der Lehrer kann an dieser Stelle eventuell die Gattungsbegriffe ergänzen.

Die Schüler lesen im **5. Arbeitsschritt** die Informationen zu den Merkmalen der verschiedenen Textsorten. Sie suchen sich jetzt in Partnerarbeit die jeweils zu den Texten passenden Informationen heraus und notieren die Bezeichnung der Textsorte in der Tabelle.

Im **6. Arbeitsschritt** werden Zufallsgruppen gebildet. Sie bereiten aufgrund der Informationen und Beispieltexte auf den Arbeitsblättern einen kurzen Vortrag vor.

Alle Textsorten werden im **7. Arbeitsschritt** von je einem ausgelosten Gruppenmitglied präsentiert.

Im **8. Arbeitsschritt** wählen die Schüler einen Text aus. Dieser kann beispielsweise aus ihrem aktuellen oder einem alten Schulbuch stammen, aus dem Bücherregal zu Hause o. ä. Sie lesen den Text vor, bestimmen die Textsorte, ordnen die passenden Merkmale zu und präsentieren alles in einem Kurzvortrag. Wird ein Roman gewählt, sollte ein Textauszug für den Vortrag vorbereitet werden.

01 Viele Sorten von Texten

1. Du bist die Stimme

Sei mir gewogen
Fremdling
Ich liebe dich
Den ich nicht kenn

Du bist die Stimme
Die mich betört
Ich hab dich gehört
Ruhend auf grünem Samt
Du Moosatem
Du Glocke des Glücks
Und der unsterblichen Trauer

Rose Ausländer

(Rose Ausländer: Du bist die Stimme. Aus: dies., Ich höre das Herz des Oleanders. Gedichte 1977–1979. S. Fischer Verlag, Frankfurt am Main 1984)

2. Faust

Faust. Margarete vorübergehend.

Faust. Mein schönes Fräulein, darf ich wagen, meinen Arm und Geleit Ihr anzutragen?
Margarete. Bin weder Fräulein, weder schön, kann ungeleitet nach Hause gehen.

(Sie macht sich los und ab.)
Faust. Beim Himmel, dieses Kind ist schön! So etwas hab ich nie gesehn. Sie ist so sitt- und tugendreich und etwas schnippisch doch zugleich. Der Lippe Rot, der Wange Licht, die Tage der Welt vergess ich's nicht! Wie sie die Augen niederschlägt, hat tief sich in mein Herz geprägt; …

Johann Wolfgang von Goethe

(Johann Wolfgang von Gothe: Faust. Der Tragödie erster Teil. Reclam Universal Bibliothek, Ditzingen 1986)

■ **Info**
Eine literarische Textsorte bezeichnet die Art eines Textes. Texte, die ähnliche Merkmale haben, gehören zu derselben Textsorte. Es werden drei Gattungen unterschieden: die Lyrik, die Dramatik und die Epik. Diese Gattungen werden in viele Textsorten eingeteilt, z. B. in Märchen, Gedichte, Kurzgeschichten, Dramen, Balladen, Romane, Tragödien.

3. Der Herr der Ringe, Die Zwei Türme
Erstes Kapitel, Boromirs Tod

Aragorn eilte weiter den Berg hinauf. Dann und wann bückte er sich und untersuchte den Boden. Hobbits haben einen leichten Schritt, und selbst für einen Waldläufer sind ihre Fußspuren nicht leicht zu lesen; doch nicht weit vom Gipfel kreuzte eine Quelle den Pfad, und auf der nassen Erde sah er, was er suchte. „Ich habe die Zeichen richtig gelesen", sagte er zu sich. „Frodo ist zum Berggipfel gelaufen. Was mag er dort wohl gesehen haben? Aber er kam auf demselben Weg zurück und ist bergab gegangen." Aragorn zögerte. Er hatte selbst den Wunsch, zu dem Hochsitz zu gehen, denn er hoffte, dort etwas zu sehen, das ihn aus seiner Ratlosigkeit herausführen könnte; doch die Zeit drängte.

J. R. R. Tolkien

(J. R. R. Tolkien. Der Herr der Ringe. Aus dem Engl. von Margaret Carroux, neu durchgesehen und in neuer Rechtschreibung. Gedichtübertragungen von E. M. Freymann. Ergänzendes Kapitel zur Aussprache übersetzt von Helmut W. Pesch @ Fourth Age Limited 1954, 1)

4. Folge 062: Letzte Chance

„Wenn die erste Reißleine nicht funktioniert, zieh' an der zweiten!" Den dummen Spruch hatte sein Fallschirmlehrer immer auf den Lippen. Nur hatte der Witzbold nichts dazu gesagt, wenn auch die zweite Reißleine keine Reaktion brachte. Marcel überlegte kurz, wie hoch wohl die Chance sein mochte, dass sich keiner von beiden Fallschirmen öffnete. Aber das würde ihm jetzt auch nicht weiterhelfen. Mehr als zehn Sekunden würden ihm kaum noch bleiben. Marcel stellte sich die eine Frage, die ihn jetzt noch retten konnte: „Was würde MacGyver in dieser Situation tun?"

ganymed

(www.kurzweiliges.de/062.php)

A1 EA

Lies die oben stehenden Texte. Welcher dieser Texte gefällt dir besonders gut? Begründe deine Entscheidung.
Tausche dich mit deinem Nachbarn darüber aus.

EA = Einzelarbeit
PA = Partnerarbeit
GA = Gruppenarbeit
PL = Plenum

A2 EA

Bestimme die Textsorte und notiere die entsprechenden Begriffe unter den Textbeispielen.
Als Hilfe dienen dir die Informationen unten im Kasten.

A3 PA

Vergleicht eure Ergebnisse und begründet eure Wahl anhand der Texte.
Welche Merkmale fallen euch zu den Textsorten ein?

A4 PA

Der folgende Infokasten informiert euch über die vier verschiedenen literarischen Textsorten, die auf Seite 5 vorgestellt wurden. Erörtere mit deinem Tandempartner, welche Beschreibungen zu welchen Texten passen könnten und notiere den passenden Begriff auf der Linie über dem Text.

Informationen
Textsorte: ______________________ Mit dieser Textsorte wird ein nicht alltägliches Geschehen in einer Theateraufführung dargestellt. Die Handlung der Personen steht dabei im Mittelpunkt. Eine der Personen kann ein Held sein, ein edler Mensch, der aufgrund seiner persönlichen Fehler Schuld auf sich lädt. Dem Helden sind seine Fehler und die tragischen Verknüpfungen mit dem Schicksal anderer bewusst. Der Zuschauer soll sich mit diesem Helden identifizieren und mitleiden. In modernen Texten steht auch häufig die Gesellschaftskritik im Vordergrund. Zu dieser Textsorte gehören verschiedene Formen, beispielsweise die Tragödie oder Komödie.
Textsorte: ______________________ Diese Textsorte besteht aus Versen. Bilden mehrere Verse einen Abschnitt, entsteht daraus eine Strophe. Manche Werke dieser Textsorte reimen sich und haben einen bestimmten Sprechrhythmus. Die Sprache dieser Textsorte ist häufig bildlich. In neueren Werken verlieren Reim und Strophe an Bedeutung. Die mo-dernen Formen dieser Textsorte ermöglichen dem Autor eine große Vielfalt im Ausdruck, auch indem z. B. umgangssprachliche Ausdrücke verwendet und sprachliche Regeln bewusst verletzt werden.
Textsorte: ______________________ Diese Textsorte ist ein umfangreicher, in Prosa geschriebener Text. Im Mittelpunkt steht ein erfundenes oder tatsächliches Schicksal einer oder mehrerer Personen. Dabei wird nicht ein einzelnes, herausragendes Ereignis herausgegriffen, sondern es wird ein größerer Ausschnitt der Lebensumstände der Hauptfigur(en) dargestellt. Oft kommt es zu schicksalhaften Begegnungen und Verknüpfungen mit anderen Personen. Diese Textsorte kann viele verschiedene Darstellungsarten enthalten wie Bericht, Beschreibung, Gespräch, Monolog oder Brief.
Textsorte: ______________________ Diese Textsorte wird auch als Kurzprosa bezeichnet. Neben ihrer Kürze zeichnet sie sich durch weitere besondere Merkmale aus. Die Handlung beginnt oft unvermittelt und endet häufig ebenso abrupt. Es werden gewöhnliche Menschen dargestellt, aber in einer für sie bedeutsamen Situation. Meistens ist die Stimmung eher düster. Häufig wird in direkter Rede, aber auch in einem Monolog oder in erlebter Rede erzählt. Die Sprache ist eher alltäglich und gut verständlich.

A5 GA

Vergleicht und besprecht eure Lösungen in der Gruppe.
Bearbeitet die euch zugeloste Textsorte, indem ihr den Info-Text in eigene Worte fasst und die Merkmale der Textsorte mit Hilfe des entsprechenden Beispieltextes belegt. Bereitet einen Kurzvortrag für die Präsentation vor.

EA = Einzelarbeit
PA = Partnerarbeit
GA = Gruppenarbeit
PL = Plenum

Merkmale der Kurzgeschichte am Text erarbeiten

		Zeit	Lernaktivitäten	Material	Kompetenzen
1	EA	5′	S überfliegen Kurz-Info und notieren in einem Satz die wichtigsten Informationen des Textes.	M1.A1	- Fachbegriffe zu Merkmalen der Kurzgeschichte kennenlernen - Informationen zielgerichtet entnehmen - Teilüberschriften finden - Textaufbau erfassen - Schlüsselbegriffe erkennen - überfliegend lesen - sinnerfassend lesen - anschaulich über Arbeitsergebnisse informieren - gezielt nachfragen - treffende Fragen formulieren - ein Rätsel erstellen
2	PA	5′	S tauschen sich mit Tischnachbarn aus.	M1.A2	
3	EA	15′	S markieren den Text so, dass sie im Anschluss mit einem Blick die Merkmale der Kurzgeschichte erfassen können. S notieren sich dazu Schlüsselbegriffe am Rand.	M1.A3	
4	GA	10′	S vergleichen ihre Schlüsselbegriffe, formulieren daraus pro Abschnitt eine treffende Überschrift und notieren diese auf einer Folie.	M1.A4–A5	
5	PL	10′	Zwei bis drei ausgeloste Tandems präsentieren ihre Folie. S reflektieren im Plenum die präsentierten Ergebnisse.		
6	PA	30′	S entwerfen ein Rätsel zum Thema „Merkmale einer Kurzgeschichte."	M1.A6	
7	PA	10′	Tandems erhalten per Los ein Rätsel eines anderen Tandems und lösen dieses.	M1.A7	

Erläuterungen zur Lernspirale

Ziel der Doppelstunde ist es, aus einem Sachtext die Merkmale der Kurzgeschichte zu erschließen. Mit dem Entwerfen und Lösen eines Rätsels am Ende der Lernspirale setzen sich die Schüler noch einmal mit den Inhalten des Textes auseinander.

Zum Ablauf im Einzelnen:
Nachdem die Schüler im **1. Arbeitsschritt** den Text gelesen haben, notieren sie in einem Satz, worum es in diesem Text geht.
Sie tauschen sich anschließend im **2. Arbeitsschritt** mit dem Tischnachbarn über ihre Notizen aus. Bei diesem Arbeitsschritt bietet es sich an, leistungsstärkere und -schwächere Schüler nebeneinander zu setzen; sie können sich dann im weiteren Verlauf unterstützen.
Im **3. Arbeitsschritt** lesen die Schüler den Text ein zweites Mal und markieren ihn dabei so, dass sie im Anschluss mit einem Blick die Merkmale der Kurzgeschichte wiederfinden. Die Schüler notieren sich anschließend Schlüsselbegriffe am Textrand.

Im **4. Arbeitsschritt** werden die Schüler zu Gruppen zusammengelost. Sie vergleichen ihre Arbeitsergebnisse und finden mit Hilfe der Markierungen und Randnotizen gemeinsam Überschriften für die einzelnen Abschnitte. Diese Überschriften werden auf einer Folie notiert und im nächsten Arbeitschritt von einem ausgelosten Tandem präsentiert. Die Gruppen finden sich per Auslosung durch Spielkarten mit einem Joker, die Tandems mit Hilfe zweier Karten, die identische Zahlen zeigen.
In der Plenumsphase des **5. Arbeitsschrittes** präsentieren die ausgelosten Tandems ihre Überschriften. Die Schüler besprechen die Ergebnisse und vergleichen sie mit ihren eigenen.
Im **6. Arbeitsschritt** entwerfen die Tandems anhand des Beispiels auf dem Arbeitsblatt ein Rätsel, das sie anschließend im **7. Arbeitsschritt** mit einem anderen Tandem austauschen. Sie erfragen und wiederholen in diesem Rätsel Inhalte aus dem zuvor erschlossenen Sachtext.

✓ Merkposten
- Folien
- Folienstifte
- Overheadprojektor
- Spielkarten als Lose

Lösung
- mögliche Randnotizen und Überschriften für AS 4:
  - Entstehungsgeschichte
  - Häufige Themen
  - Wichtige Merkmale (Kürze, unmittelbarer Beginn, Wendepunkt, offener Schluss, gewöhnliche Menschen, Atmosphäre)
  - Sprache

Notizen:

02 Merkmale von Kurzgeschichten

A1 EA

Lies den Text „Kurz-Info zur Kurzgeschichte" einmal durch, um dir einen ersten Überblick über den Inhalt zu verschaffen.
Notiere in einem Satz, worum es im Text geht.

____

____

Kurz-Info zur Kurzgeschichte

Die Kurzgeschichte ist eine Textsorte, die in Deutschland im 20. Jahrhundert, besonders nach 1945 eine große Rolle spielte. Die Kurzgeschichte als Textsorte wurde nach dem Krieg von vielen Autoren aufgegriffen und weiterentwickelt, weil sie sich für die Darstellung und Verarbeitung von Kriegs- und Nachkriegserlebnissen eignete.

Die Kurzgeschichte ist eine Erzählform, die sich häufig auf einen Schicksalsschlag oder eine Grenzsituation im Leben einer oder mehrerer Hauptfiguren konzentriert. Neuere Kurzgeschichten greifen weniger Kriegserlebnisse, sondern eher andere, aktuellere Themen auf. Sie zeigen auch im Hinblick auf ihre Form eine größere Vielfalt, sodass die Übergänge zu anderen Textsorten fließender geworden sind.

Zu den wichtigsten Merkmalen der Kurzgeschichte gehört natürlich ihre relative Kürze. Deshalb wird die Handlung häufig stark verdichtet, nur auf das Wesentliche beschränkt und konzentriert sich auf eine einzelne, oft sehr bedeutsame oder entscheidende Situationen im Leben einzelner Personen. Es gibt einen Höhepunkt/Wendepunkt, der die Figuren der Geschichte vor eine neue Erfahrung oder ein einschneidendes Erlebnis stellt. Die Zeitdauer der Handlung ist eher kurz und ausschnitthaft, manchmal wird in Zeitsprüngen oder Rückblicken erzählt. Die Kurzgeschichte beginnt unmittelbar mit der Handlung und hat einen relativ offenen Schluss. Die Geschichte spielt meist in der unmittelbaren, alltäglichen Umgebung des Autors, aber auch des Lesers und hat keine Nebenhandlung. Der Lebensausschnitt, der dargestellt wird, scheint willkürlich herausgegriffen. Die Personen sind meistens wenige gewöhnliche Menschen, namenlose und standardisierte Figuren; häufig wird aus deren Sicht die Handlung wiedergegeben. Die Atmosphäre kann düster und bedrückend sein, selten ist sie fröhlich und im positiven Sinne anregend. Allerdings sind nicht immer alle Merkmale gleichzeitig in einer Kurzgeschichte vorhanden.

Die Sprache, die der Autor einer Kurzgeschichte verwendet, ist meist umgangssprachlich und leicht verständlich, kurz, prägnant, sachlich und nüchtern.

A2 PA

Vergleicht eure Ergebnisse.

EA = Einzelarbeit
PA = Partnerarbeit
GA = Gruppenarbeit
PL = Plenum

A3 EA

Markiere den Text so, dass du mit einem Blick die Merkmale einer Kurzgeschichte wiederfindest. Notiere danach Schlüsselbegriffe am Textrand.

■ Tipp
Schlüsselbegriffe sind Wörter, die dir wie ein Schlüssel dabei helfen, die Tür zum Verständnis eines Textes zu öffnen. Am besten markierst du sie mit einem gelben Textmarker.

A4 GA

Vergleicht eure Randnotizen und formuliert gemeinsam in der Gruppe für jeden Abschnitt eine treffende Überschrift.

1. Abschnitt: ______________________________

2. Abschnitt: ______________________________

3. Abschnitt: ______________________________

4. Abschnitt: ______________________________

A5 GA

Übertragt eure Überschriften auf eine Folie. Ein Gruppenmitglied, das per Los ausgewählt wird, präsentiert das Ergebnis.

A6 PA

Erstellt zum Thema „Merkmale einer Kurzgeschichte" ein Rätsel.
Verwendet dazu die Beispiele als Vorlage. Findet mindestens zehn Fragen.

1	O	F	F	E	N					
		2	K	U	E	R	Z	E		
	3	D	U	E	S	T	E	R		

Beispiel zu 1: Das Ende einer Kurzgeschichte ist häufig …
Beispiel zu 2: Wichtigstes Merkmal der Kurzgeschichte ist die …
Beispiel zu 3: Wie wird die Atmosphäre in Kurzgeschichten oft beschrieben?

EA = Einzelarbeit
PA = Partnerarbeit
GA = Gruppenarbeit
PL = Plenum

Am besten verwendet ihr einen Bleistift beim Ausfüllen des Rätsels.

Übrigens: In Rätseln werden die Umlaute Ä, Ö, Ü mit AE, OE und UE geschrieben.

A7 PA

Tauscht mit anderen Tandems eure Rätsel aus und löst das Rätsel, das ihr per Los bekommt.

Merkmale der Kurzgeschichte am Beispiel überprüfen

		Zeit	Lernaktivitäten	Material	Kompetenzen
1	EA	10′	S lesen die Kurzgeschichte und notieren erste Leseeindrücke.	M1.A1–A2	- Leseeindrücke verbalisieren - zentrale Inhalte erschließen - Merkmale der Textsorte am Text erkennen - Fachbegriffe zu Merkmalen der Kurzgeschichte anwenden - gezielt unterstreichen - Notizen machen - sinnerfassend lesen - Informationen entnehmen - anschaulich über Arbeitsergebnisse informieren - Präsentationstechniken (Folie) angemessen anwenden
2	GA	10′	S tauschen sich über ihre Leseeindrücke aus und überlegen, welches die wichtigsten Aussagen des Textes sind.	M1.A3	
3	PL	5′	S formulieren in einem Gruppen-Blitzlicht die Kernaussage des Textes.		
4	PA	20′	S beschreiben das Setting (Personen, Ort, Zeitdauer und Atmosphäre) der Kurzgeschichte und bereiten eine Folienpräsentation vor.	M1.A4	
5	PL	15′	Tandems präsentieren ihre Ergebnisse zu einem Aspekt.		
6	EA	15′	S untersuchen den Text nach Belegen für die Merkmale der Textsorte und notieren sie am Textrand.	M1.A5	
7	PA	15′	S beantworten Fragen zum Thema in einer „Sprechmühle."	M2, M3	
8	HA		S zeichnen einen Comic zur Kurzgeschichte „Eine schöne Beziehung".		

Erläuterungen zur Lernspirale

✓ Merkposten
- Lose
- akustisches Signal
- Folien
- Folienstifte
- Filzstifte
- Textmarker

Hinweis
Im Gegensatz zum gängigen Blitzlicht äußert sich im Gruppen-Blitzlicht nicht jeder einzelne Schüler, sondern nur der jeweilige Gruppensprecher.

Ziel der Doppelstunde ist, dass die Schüler anhand eines Beispieltextes exemplarisch die Merkmale einer Kurzgeschichte erkennen und benennen. Diese Merkmale haben sie sich bereits in der vorhergehenden Doppelstunde anhand eines Sachtextes erarbeitet. Um den Inhalt der Kurzgeschichte nicht zu vernachlässigen, beginnt die Lernspirale damit, dass die Schüler ihre Eindrücke austauschen und die Kernaussage der Geschichte formulieren.

Zum Ablauf im Einzelnen:
Die Schüler lesen im **1. Arbeitsschritt** die Kurzgeschichte und notieren dazu erste Leseeindrücke. Da dies in dieser Unterrichtsreihe die erste Begegnung mit einer Kurzgeschichte ist, steht zuerst der Inhalt im Vordergrund.
Im **2. Arbeitsschritt** tauschen sich die Schüler in der Gruppe über ihre ersten Leseeindrücke aus. Dabei steht im Vordergrund, was ihnen an der Geschichte gut gefällt und was nicht. Es ist möglich, dass sie Inhalte oder offene Fragen klären, Meinungen zu bestimmten Haltungen der Protagonisten äußern etc. Am Ende dieser Phase sollten sich die Schüler auf die Kernaussage der Kurzgeschichte geeinigt haben.
Das Gruppen-Blitzlicht im **3. Arbeitsschritt** dient dazu, zu erkennen, ob die Schüler die wichtigsten Aussagen des Textes erfasst haben. Sollten hier noch Defizite bestehen, können diese im Anschluss an das Blitzlicht in einem kurzen Unterrichtsgespräch behoben werden.
Im **4. Arbeitsschritt** erschließen die Schüler die Figuren und das Setting der Kurzgeschichte. Sie entnehmen dem Text Informationen über die Personen, den Ort, die Zeitdauer und die Atmosphäre der Handlung und beschreiben diese in ein bis zwei Sätzen. Um die anschließende Folienpräsentation vorzubereiten, benötigen die Tandems eine Folie, auf der die vier oben genannten Begriffe bereits notiert sind. Es bietet sich an, dafür die Vorlage vom Arbeitsblatt auf eine Folie zu kopieren.
Im **5. Arbeitsschritt** präsentieren ein bis zwei Tandems jeweils nur einen Aspekt, sodass möglichst viele Tandems an der Gesamtpräsentation beteiligt sein können. Die anderen Schüler vergleichen das präsentierte Teilergebnis mit ihren Ergebnissen und können ergänzen und korrigieren.
Nachdem in den ersten vier Arbeitsschritten die Klärung der Inhalte der Kurzgeschichte im Vordergrund stand, untersuchen die Schüler im **6. Arbeitsschritt** die Kurzgeschichte auf ihre formalen Merkmale hin. Sie finden im Text Belege für diese Merkmale und machen sich dazu Notizen am Textrand.
Im **7. Arbeitsschritt** werden die Ergebnisse der vorhergehenden Phasen mit der Methode der „Sprechmühle" (siehe M2) erfragt. Die Schüler wiederholen nur mit einem Teil der Fragen die Merkmale der Kurzgeschichte. Die anderen Fragen dienen dazu, die ersten Schritte zur Interpretation einzuleiten.
In der **Hausaufgabe** zeichnen die Schüler einen Comic zur Kurzgeschichte. Sie müssen dazu die inhaltliche Struktur des Textes erfasst haben. Damit leiten sie die nächste Stunde ein, in der die Geschichte themengebunden interpretiert wird.

03 Merkmale überprüfen

A1 EA

Lies die Kurzgeschichte.

Eine schöne Beziehung

Grete Hehmke hatte das nordfriesische Dorf, in dem sie geboren und aufgewachsen war, nur einmal in ihrem Leben für längere Zeit verlassen: vor 50 Jahren, 1933, als eine dreiwöchige Hochzeitsreise ihr den unauslöschlichen Eindruck vermittelte, dass es im südlichen Harz immer regnet.
Ihr Mann war ja nun tot. Aber Grete Hehmkes Lust zu leben war noch nicht erschöpft.
Es gab mehr als nur den einen Edeka-Laden, das wusste sie genau.
Mit dem Autobus in die Kreisstadt – das war schon ein Erlebnis! Gierig nach neuen Eindrücken warf sie sich energisch ins Getümmel. Sie war aufgeregt, glücklich, neugierig. Futter für den alten Kopf. Wunderbar. Als Höhepunkt das Warenhaus. Nein, so was Schönes aber auch! Hunger! Restaurant? Da!
Ein freier Tisch, Handtasche über die Stuhllehne hängen, Mantel an den Haken, in Blickrichtung. Hinsetzen, Erleichterung.
Bedienung kommt nicht. Aha, es gibt gar keine Bedienung hier. Genau hinsehen, wie die anderen das machen. Kapiert.
Grete Hehmke verlässt ihren Tisch, reiht sich ein in die Schlange, greift sich das orangefarbene Tablett. Ordert selbstbewusst Kohlroulade mit Salzkartoffeln und einen Karamelpudding, eine Brause dazu, bezahlt an der Kasse. Teuer ist es ja, muss man schon sagen. Trägt das Tablett zu ihrem Tisch, nimmt Platz. Die Kohlroulade sieht elend aus, man müsste ihr mal was zu futtern geben – Grete Hehmke ist voller Heiterkeit.
Aber sie hat kein Besteck. Wo bekommt man hier denn Messer und Gabel? Einen kleinen Löffel braucht sie auch. Und eine Serviette. Aha, da neben den orangefarbenen Tabletts. Aufstehen, hingehen, holen. Grete Hehmke kommt an ihren Tisch zurück.
Sie stutzt, setzt sich. Auf ihrem Platz hockt ein Neger und isst von ihrem Teller. Ganz manierlich. Es schmeckt ihm. Grete Hehmke nimmt gegenüber von dem schwarzen Mann Platz. Der lächelt einladend. Grete Hehmke wundert sich über nichts mehr. Sie lächelt ebenfalls freundlich und zieht das orangefarbene Tablett behutsam, aber bestimmt in die Tischmitte. Die Portionen in diesem Kaufhaus sind ja reichlich bemessen, das reicht schon für zwei. Sie speisen. Teilen jede Kartoffel, er schiebt ihr ein besonders appetitliches Gürkchen zu, sie überlässt ihm ein größeres Stück Roulade. Er ist schließlich ein kräftiger junger Mann. Der Neger gießt gelbe Brause in das Glas, bietet ihr zuvorkommend an, trinkt selbst aus der Flasche. Manchmal klappern ihre Teelöffel gegeneinander, wie sie sich den Pudding geschwisterlich teilen.
Eine Unterhaltung findet darüber hinaus nicht statt. Nur gelegentlich ein Blick des Einverständnisses. Seele essen Angst auf.
Mit den Papierservietten die Münder abwischen, ein liebenswürdiges Kopfnicken, der Neger steht auf und geht.
Na, danke schön hätte er ja wenigstens sagen können. Grete Hehmke hat doch Grund an den Umgangsformen der Schwarzen zu zweifeln. Ihre Handtasche ist weg. Sie hing über der Lehne des Stuhls, auf dem dieser Neger saß. Auf, auf! Hinterher! Haltet den Dieb! Eben geht er hinaus. Grete Hehmke dreht sich um, stößt an den Stuhl in ihrem Rücken. Gott sei Dank! Da hängt ja die Handtasche. Es gibt auch anständige Neger. Die Kohlroulade auf dem orangefarbenen Tablett auf dem Nebentisch ist leider schon etwas kalt. Aber den Karamelpudding könnte sie noch essen. Na, und eine halbe Brause schafft sie wohl auch noch …

Henning Venske

EA = Einzelarbeit

A2 EA

Notiere deine ersten Leseeindrücke in Stichworten.

A3 GA

Tauscht eure Eindrücke aus und besprecht, worum es in dem Text geht. Welches Thema schwingt zwischen den Zeilen mit? Formuliert euer Ergebnis als Kernaussage in einem Satz.

A4 PA

Beschreibt jeweils in ein bis zwei Sätzen die Personen, den Ort, die Zeitdauer und die Atmosphäre der Geschichte.

Zum **Setting** einer Kurzgeschichte gehören der Ort, die Zeit und die Atmosphäre, wie sie im Text beschrieben werden.

Personen:

Ort:

Zeitdauer:

Atmosphäre:

A5 EA

Suche die Merkmale der Textsorte „Kurzgeschichte" in diesem Text und finde Belege dazu. Notiere in Stichworten am Textrand, welches Merkmal du entdeckt hast und wie du dies begründen kannst.

Henning Venske

Der Autor der Kurzgeschichte „Eine schöne Beziehung" wurde am 3. April 1939 in Stettin geboren. Er wuchs nach der Flucht aus seiner pommerschen Heimat am Ende des Krieges in Westdeutschland auf. Er absolvierte eine Schauspielerausbildung und arbeitete anschließend bis heute als Regisseur, Schauspieler, Moderator und Autor beim Fernsehen.

EA = Einzelarbeit
PA = Partnerarbeit
GA = Gruppenarbeit
PL = Plenum

Methode „Sprechmühle“

Die Schüler bewegen sich frei im Raum wie auf einem Marktplatz, dazu läuft Musik. Wenn die Musik stoppt, suchen sich die Schüler einen Tandempartner. Der Lehrer gibt einen Impuls, sodass schnell geklärt ist, wer A oder B ist, z. B. durch den Hinweis: „Der ältere ist A, der jüngere ist B.“ Danach stellt der Lehrer eine Frage, die zuerst A beantwortet. B hört schweigend zu. Der Lehrer gibt ein Signal, dann beantwortet B die Frage und A hört zu. Wenn die Musik wieder einsetzt, lösen sich die Tandems auf und alle Schüler bewegen sich wieder durch den Klassenraum, bis die Musik wieder stoppt. Nun werden neue, andere Partner gefunden, die nächste Frage wird gestellt usw., bis alle Fragen beantwortet wurden.

Aufgaben/Fragen für die Sprechmühle:

LS 03.M3

1. Gib den Inhalt der Kurzgeschichte mit eigenen Worten wieder.
2. Welche Merkmale einer Kurzgeschichte findest du im Text?
3. An welcher Stelle im Text wird deutlich, dass sich Grete im Platz getäuscht hat?
4. In welcher besonderen Lebenssituation befindet sich Grete Hehmke zum Zeitpunkt der Geschichte?
5. Wie verhält sich der Farbige, als er Gretes Irrtum bemerkt?
6. Wie verhält sich Grete, als sie ihren Irrtum bemerkt?
7. Was könnte der Satz bedeuten „Seele essen Angst auf“?

Eine Kurzgeschichte zum Thema Vorurteile untersuchen

		Zeit	Lernaktivitäten	Material	Kompetenzen
1	PA	10′	S geben den Inhalt der Kurzgeschichte in eigenen Worten mit Hilfe ihres Comics wieder.		- Einstellungen und Vorerfahrungen mit literarischem Text verknüpfen - literarischen Text nacherzählen - eigene Deutungen des Textes entwickeln - Deutungen am Text belegen - Verhaltensmotive bewerten - Diskussionen vorbereiten und durchführen - freie Redebeiträge leisten - Redebeiträge anderer verfolgen und aufnehmen - auf Gegenpositionen sachlich und argumentierend eingehen - die eigene Meinung begründet vertreten - kriterienorientiert das Gesprächsverhalten anderer beobachten und bewerten - Feedback geben - Gesprächsregeln einhalten - gezielt markieren - Notizen machen
2	EA	5′	S lesen Zitate, beantworten Fragen und machen sich Notizen.	M1.A1	
3	PA	10′	S klären gemeinsam Inhalte der Zitate und ihre eigene Haltung dazu. S beantworten Fragen.	M1.A2	
4	EA	10′	S notieren Beispiele auf Spickzettel.	M1.A3	
5	PL	10′	S informieren sich über den Ablauf einer Fishbowl-Diskussion in der Randspalte des AB. S räumen den Klassenraum um.	M1.A4	
6	PL	15′	S machen sich mit dem Beobachtungsbogen vertraut. S erfahren, wen sie beobachten sollen. S diskutieren den Zusammenhang von Zitaten und Kurzgeschichte in einer Fishbowl-Diskussion.	M1.A5	
7	EA	10′	S bewerten den Schüler, den sie beobachtet haben und geben anschließend Feedback.		
8	EA	10′	S untersuchen Text auf das Thema Vorurteile, unterstreichen wichtige Textstellen.	M1.A6	
9	GA	10′	S tauschen sich über ihre Ergebnisse aus und diskutieren Fragen.	M1.A7	
10	HA		S schreiben eine Zusammenfassung der Diskussionen zum Thema Vorurteile in Verbindung mit der Kurzgeschichte.	M1.A8	

Erläuterungen zur Lernspirale

✓ Merkposten
- Textmarker
- Lose

Ziel der Doppelstunde ist es, mit Hilfe von Zitaten das Thema Vorurteile zu erschließen, dieses mit dem Inhalt der Kurzgeschichte in Zusammenhang zu bringen und den Text danach zu untersuchen. Die Fishbowl-Diskussion ist eine gute Methode, um verschiedene Haltungen zum Thema ausführlich zu diskutieren.

Zum Ablauf im Einzelnen:
Der **1. Arbeitsschritt** greift die Hausaufgabe der vorherigen Doppelstunde auf. Die Schüler geben sich gegenseitig anhand ihres Comics den Inhalt der Kurzgeschichte wieder. Damit wird ihnen die Geschichte wieder in Erinnerung gerufen.
Im **2. Arbeitsschritt** lesen die Schüler die Zitate auf dem Arbeitsblatt, die verschiedene Einstellungen gegenüber Vorurteilen äußern. Die Schüler sollen zunächst einmal unabhängig von der Kurzgeschichte eine eigene Haltung zum Thema einnehmen, um anschließend Gretes Verhalten besser einordnen zu können.
Im **3. Arbeitsschritt** klären die Schüler gemeinsam, wie sie die Zitate verstanden haben und welche Haltung sie selbst einnehmen. Um die Diskussion zu erleichtern, helfen ihnen vorgegebene Leitfragen.
Im **4. Arbeitsschritt** überlegen sich die Schüler Beispiele zum Thema „Vorurteile“ und notieren diese auf Kärtchen, die sie im anschließenden Arbeitsschritt als Spickzettel verwenden können. Da bei einer Fishbowl-Diskussion immer ein Stuhl freibleibt, kann jeder Schüler mit Hilfe seines Stichwortzettels an passender Stelle in die Diskussion einsteigen.
Im folgenden **5. Arbeitsschritt** informieren sich die Schüler über die Durchführung einer Fishbowl-Diskussion und räumen den Klassenraum entsprechend um. Diejenigen Schüler, die anschließend die Diskussionsrunde bilden, werden bestimmt, ausgelost oder melden sich freiwillig.
Im **6. Arbeitsschritt** machen sich die Schüler mit ihrem Beobachtungsbogen vertraut, damit sie wissen, welche Verhaltensmerkmale sie beobachten und anschließend bewerten sollen. Nach dem Ende der Fishbowl-Diskussion erfolgt im **7. Arbeitsschritt** ein entsprechendes Feedback.
In den **Arbeitsschritten 8 und 9** wird das Thema Vorurteile auf das Textbeispiel übertragen. Gretes Verhalten wird in Bezug auf das Thema Vorurteile am Text untersucht.

04 Über Vorurteile diskutieren

1. Reisen ist tödlich für Vorurteile.

Marc Twain

2. Ein gesundes Vorurteil erspart das Nachdenken!

Unbekannt

3. Es ist schwieriger, eine vorgefasste Meinung zu zertrümmern als ein Atom.

Albert Einstein

4. Der einzige Mensch, der sich vernünftig benimmt, ist mein Schneider. Er nimmt jedes Mal neu Maß, wenn er mich trifft, während alle anderen immer die alten Maßstäbe anlegen in der Meinung, sie passten auch heute noch.

George Bernard Shaw

A1 EA

Lies die vier Zitate.
Welche Haltung gegenüber Vorurteilen wird geäußert?
Welchem Zitat kannst du zustimmen und warum?
Welches Zitat lehnst du ab und warum?
Mache dir dazu Notizen.

A2 PA

Klärt eure Haltung gegenüber Vorurteilen. Bezieht die Zitate in eure Diskussion mit ein.
Versucht dabei auch Antworten auf die folgenden Fragen zu finden:

Was sind Vorurteile?
Welche Vorurteile habt ihr und warum?
Welche Rolle spielen kulturelle Unterschiede?
Macht euch Notizen zu den Antworten.

EA = Einzelarbeit
PA = Partnerarbeit
GA = Gruppenarbeit
PL = Plenum

A3 EA

Welche Beispiele zum Thema „Vorurteile" fallen dir ein?
Notiere stichwortartig deine Beispiele auf Kärtchen, die du in der anschließenden Fishbowl-Diskussion als Spickzettel verwenden kannst.

A4 PL

Lest die Erläuterungen in der Randspalte, um euch auf eine Fishbowl-Diskussion vorzubereiten. Richtet euren Klassenraum für die Fishbowl-Diskussion her.

A5 PL

Führt eine Fishbowl-Diskussion zum Thema „Umgang mit Vorurteilen" durch.
Wenn ihr nicht an der Diskussion teilnehmt, beobachtet die Diskussion eurer Mitschüler und verwendet dabei den Beobachtungsbogen. Gebt anschließend dazu ein Feedback.

Beobachtungsbogen für ______________________________

Bitte Zutreffendes ankreuzen

Beobachtetes Verhalten	+3	+2	+1	−1	−2	−3
Argumentiert sachlich						
Begründet seine/ihre Meinung						
Drückt sich flüssig und klar aus						
Hört aufmerksam zu						
Greift Argumente anderer auf						
Lässt andere ausreden						
Ist offen und freundlich						
Der Gesprächsanteil ist angemessen						

A6 EA

Lies die Kurzgeschichte „Eine schöne Beziehung" aus der Lernspirale 03 „Merkmale überprüfen". Unterstreiche die Stellen, in denen Gretes Verhalten von Vorurteilen geleitet wird.

A7 GA

Informiert euch gegenseitig über eure Ergebnisse. Besprecht, wie sich Gretes Vorurteile zeigen. Wie ist ihr Verhalten zu bewerten? Entdeckt ihr Zusammenhänge zu den Inhalten eurer Diskussion? Macht stichwortartig Notizen zu eurem Gespräch.

A8 EA

Fasse die Ergebnisse eures Gesprächs über Gretes Verhalten und ihre Vorurteile schriftlich zusammen. Verwende dazu den bearbeiteten Text und die Erfahrungen aus eurer Diskussion. Belege deine Aussagen auch am Text. Vergiss nicht, die betreffenden Zeilen anzugeben.

■ Fishbowl-Diskussion

In einer Fishbowl-Diskussion sitzen fünf bis sieben Schüler und ein Moderator in einem Halbkreis in der Mitte des Klassenraumes und diskutieren zu einem vorbereiteten Thema. Die anderen sitzen als Beobachter um diese Gruppe herum. Sie haben die Aufgabe, bestimmte Punkte im Gesprächsverhalten eines diskutierenden Schülers zu beobachten. Nach Abschluss der Fishbowl-Diskussion erfolgt eine Auswertung. Der beobachtete Schüler sollte über die Punkte, nach denen sein Gesprächsverhalten eingeschätzt wird, Bescheid wissen.

Jeder Beobachter hat während der Diskussion die Möglichkeit, sich kurzfristig in das Geschehen einzubringen. Dazu gibt es im Fishbowl-Kreis einen freien Stuhl. Möchte man sich in die Diskussion einbringen, verlässt man seinen Beobachterstuhl, nimmt auf dem freien Stuhl Platz und leistet seinen Beitrag. Wer auf diesem Stuhl Platz nimmt, erhält sofort das Wort und kehrt dann gleich wieder auf seinen Beobachterplatz zurück.

EA = Einzelarbeit
PA = Partnerarbeit
GA = Gruppenarbeit
PL = Plenum

Zur Überschrift einer Kurzgeschichte assoziativ zeichnen

		Zeit	Lernaktivitäten	Material	Kompetenzen
1	EA	15′	S zeichnen ihre Assoziationen zum Begriff Happy End.	M1.A1	- Inhalt und Form eines Textes reflektieren - Assoziationen anschaulich darstellen - eine Zeichnung verständlich erklären und darüber reflektieren - Leseerwartungen nutzen - verständlich informieren - gezielt Notizen machen - treffend formulieren - zielgerichtet arbeiten und kooperieren - die eigene Meinung begründet vertreten - Fragen textbezogen beantworten
2	PA	5′	S erläutern einem Tandempartner ihre Zeichnung.	M1.A2	
3	PA	10′	S finden eine gemeinsame Formulierung für die Beschreibung eines Happy Ends.	M1.A3	
4	PL	10′	Tandems präsentieren ihre Formulierungen mit Hilfe des Spickzettels.		
5	EA	10′	S lesen die Kurzgeschichte „Happy End". S vergleichen ihre Vorstellung von einem Happy End mit dem Inhalt der Kurzgeschichte und machen sich dazu Notizen.	M1.A4	
6	PA	15′	S vergleichen ihre Ergebnisse, beantworten Fragen und notieren sich die Antworten.	M1.A5	
7	GA	15′	S formulieren eine gemeinsame Antwort und präsentieren ihre Ergebnisse.	M1.A6	
8	PL	5′	Jeweils ein Tandem präsentiert das Gruppenergebnis.		
9	HA		S beschreiben Figuren und das Setting zur Kurzgeschichte „Happy End" (vgl. LS 03.M1.A4) und erschließen die Kernaussage.		

Erläuterungen zur Lernspirale

Ziel der Doppelstunde ist es, eigene Assoziationen zum Thema „Happy End" zeichnerisch darzustellen, eine Formulierung für die eigene Vorstellung von einem Happy End zu finden und mit dem Inhalt der gleichnamigen Kurzgeschichte in Beziehung zu setzen. Die Schüler konstruieren sich bildlich und begrifflich eine Vorstellung, die es ihnen erleichtern soll, die Kurzgeschichte zu verstehen.

Zum Ablauf im Einzelnen:
Der Lehrer schreibt im **1. Arbeitsschritt** den Begriff „Happy End" an die Tafel und bittet die Schüler, ihre Assoziationen, die sie mit diesem Begriff verbinden, spontan zu zeichnen. Es ist wichtig, darauf hinzuweisen, dass es nicht um Schönheit, sondern um die Aussagekraft der Zeichnung geht. Im Klassenraum sollte es möglichst ruhig sein, im Hintergrund kann leise Meditationsmusik laufen. Die Schüler sollen sich nur auf ihre Tätigkeit konzentrieren und sich nicht am Nachbarn orientieren.
Im **2. Arbeitsschritt** stellen sich die Schüler in einem Doppelkreis auf. Sie erklären ihrem Partner gegenüber, welche Bedeutung ihr Bild für sie hat.
Im **3. Arbeitsschritt** begeben sich die Tandems aus dem Doppelkreis an einen gemeinsamen Platz und formulieren dort gemeinsam ihre Vorstellung von einem Happy End auf einem Spickzettel.
Der Lehrer lost für die Präsentationsphase im **4. Arbeitsschritt** zwei bis drei Tandems aus. Die beiden Schüler präsentieren ihre Beschreibung eines Happy Ends. Es empfiehlt sich, die Inhalte erst zu besprechen, nachdem alle ausgelosten Teams präsentiert haben.
Erst im **5. Arbeitsschritt** erhalten die Schüler den Arbeitsauftrag, die Kurzgeschichte „Happy End" zu lesen. Sie haben noch ihre eigene Vorstellung davon im Kopf und werden diese automatisch mit der Geschichte in Beziehung bringen. Dazu machen sie sich Notizen unter dem Text.
Im **6. Arbeitsschritt** vergleichen die Schüler in Partnerarbeit (gleicher Tandempartner wie vorher) ihre Ergebnisse mit dem Happy End in der Kurzgeschichte und klären die Fragen vom Arbeitsblatt. Die Schüler erschließen sich damit den Widerspruch zwischen „Film" und Realität.
Im **7. Arbeitsschritt** tauschen sich die Tandems mit einem anderen Tandem aus, machen sich dazu Notizen auf dem Arbeitsblatt und bereiten ihre Kurzpräsentation vor.
Zwei Mitglieder einiger ausgeloster Gruppen präsentieren ihre Ergebnisse im **8. Arbeitsschritt.** Anschließend werden diese Ergebnisse gemeinsam besprochen und diskutiert.
In der **Hausaufgabe** beschreiben die Schüler, wie in LS 03.M1, Personen, Ort, Zeit und Atmosphäre der Kurzgeschichte und formulieren das zentrale Motiv (Kernaussage).

✓ Merkposten

- Lose
- Notizzettel, DIN-A6 oder DIN-A7
- evtl. Meditationsmusik

05 Zur Überschrift assoziieren

A1 EA

Zeichne deine Vorstellung von einem Happy End in das leere Feld.
Lasse dich nicht von deinem Nachbarn ablenken, sondern konzentriere dich ganz auf deine Assoziationen zu diesem Thema.

Assoziation
Der Begriff stammt aus dem Lateinischen und bezeichnet eine bewusste oder unbewusste Verknüpfung von Gedanken.

A2 PA

Zeige deinem Tandempartner deine Zeichnung und erkläre deren Bedeutung.

A3 PA

Findet gemeinsam eine besonders treffende Formulierung, mit der ihr ein Happy End beschreiben könnt. Notiert diese mit wenigen Worten.

A4 EA

Lies die Kurzgeschichte „Happy End" von Kurt Marti und vergleiche den Inhalt der Kurzgeschichte mit deiner Vorstellung von einem Happy End. Mache dir dazu Notizen unter dem Text.

EA = Einzelarbeit
PA = Partnerarbeit
GA = Gruppenarbeit
PL = Plenum

Happy End

Sie umarmen sich und alles ist wieder gut. Das Wort ENDE flimmert über ihrem Kuss. Das Kino ist aus. Zornig schiebt er sich zum Ausgang, sein Weib bleibt im Gedränge hilflos stecken, weit hinter ihm. Er tritt auf die Straße, bleibt aber nicht stehen, er geht ohne zu warten, er geht voll Zorn und die Nacht ist dunkel. Atemlos, mit kleinen, verzweifelten Schritten holt sie ihn ein, holt ihn schließlich ein und keucht zum Erbarmen. Eine Schande sagt er im Gehen, eine Affenschande, wie du geheult hast. Sie keucht noch immer. Schweigend geht er voll Wut, so eine Gans, denkt er, so eine blöde, blöde Gans und wie sie keucht in ihrem Fett. Ich kann doch nichts dafür, sagt sie endlich, ich kann doch wirklich nichts dafür, es war so schön und wenn es schön ist, muss ich einfach heulen. Schön, sagt er, dieser Mist, dieses Liebesgewinsel, das nennst du also schön, dir ist ja wirklich nicht zu helfen. Sie schweigt und geht und keucht und denkt, was für ein Klotz von Mann, was für ein Klotz.

Kurt Marti

(Kurt Marti: Dorfgeschichten. Luchterhand Literaturverlag, Hamburg, Bern 1960)

■ Kurt Marti

Der Autor der Kurzgeschichte „Happy End" wurde am 31. Januar 1921 in Bern in der Schweiz geboren. In der Nachkriegszeit arbeitete er als Gefangenenseelsorger in Paris, später als Pfarrer in verschiedenen Schweizer Kantonen. Einen Namen als Schriftsteller machte er sich vor allem mit kürzeren Prosatexten und Lyrikbänden.

A5 PA

Vergleicht eure Vorstellungen von einem Happy End mit der Kurzgeschichte.
Welche Bedeutung hat der erste Satz der Kurzgeschichte?
Welche Bedeutung hat der letzte Satz der Kurzgeschichte?
Notiert eure Ergebnisse.

A6 GA

Fasst eure Ergebnisse von Aufgabe 5 zu einer gemeinsamen Antwort für die ganze Gruppe zusammen und präsentiert diese dem Plenum.

EA = Einzelarbeit
PA = Partnerarbeit
GA = Gruppenarbeit
PL = Plenum

Verhalten von Figuren deuten

		Zeit	Lernaktivitäten	Material	Kompetenzen
1	EA	5′	S lesen die Kurzgeschichte „Happy End" und unterstreichen je nach Aufgabenstellung Äußerungen und Gedanken der Frau oder des Mannes.	LS 05.M1.A4, M1.A1	- Gedanken und Verhalten der Personen im Text deuten - eigene Deutung des Textes erschließen - zentrale Inhalte erschließen - Problemlösungen erarbeiten - sinnerfassend lesen - anschaulich über Arbeitsergebnisse informieren - die eigene Meinung begründet vertreten - Gesprächsbeiträge anderer verfolgen und aufnehmen - treffende Fragen formulieren - Perspektiven einnehmen - Karten gut lesbar beschriften - Präsentationstechniken (Moderationskarten) anwenden
2	PA	10′	S gleichen mit Tandempartner Lösungen ab, korrigieren nach Bedarf und beantworten Fragen.	M1.A2	
3	PL	5′	S präsentieren und besprechen ihre Ergebnisse.		
4	PA	15′	S überlegen sich Gründe für die Reaktionen der Personen aus der Geschichte. S notieren ihre Gründe jeweils auf eine Karte.	M1.A3	
5	PL	15′	S führen Stafettenpräsentation durch und clustern anschließend die Karten.		
6	GA	5′	S entscheiden sich für ein Problem und formulieren dieses aus.	M1.A4	
7	GA	15′	S diskutieren Lösungsmöglichkeiten und notieren drei davon auf Problemsprengungskarten.	M1.A5	
8	PL	10′	S präsentieren und diskutieren ihre Lösungsansätze.	M2	

Erläuterungen zur Lernspirale

✓ Merkposten
- Präsentationswände
- Moderationskarten für AS 4
- runde Moderationskarten für AS 6
- Problemsprengungskarten für AS 7
- Filzstifte
- Lose

Ziel der Doppelstunde ist es, die unterschiedlichen Standpunkte der beiden Protagonisten der Kurzgeschichte aus dem Text herauszuarbeiten. Die Schüler unterstreichen zunächst die Textstellen, die diesbezüglich besonders aussagekräftig sind. Sie deuten die Gedanken der Figuren, erschließen daraus deren Partnerschaftsprobleme und versuchen, Lösungsansätze zu finden.

Zum Ablauf im Einzelnen:
Zur Einstimmung wird die Hausaufgabe der letzten Stunde vorgelesen und besprochen. Zu Beginn des **1. Arbeitsschritts** teilt der Lehrer die Schüler in zwei Gruppen ein. Die eine Gruppe wird den Text aus der Sicht des Mannes bearbeiten, die andere aus der Sicht der Frau. Die Schüler unterstreichen nun, je nachdem, welche Seite sie vertreten, diejenigen Textstellen, die etwas über den Mann bzw. die Frau aussagen.
Im **2. Arbeitsschritt** besprechen die Schüler ihre Lösungen mit einem zugelosten Tandempartner aus einer arbeitsgleichen Gruppe. Beide können jetzt ihre Ergebnisse ergänzen, ändern oder korrigieren. Anschließend bearbeiten sie die Kurzgeschichte mit Hilfe der Leitfrage.
Im folgenden **3. Arbeitsschritt** stellen ausgewählte Tandems aus beiden Gruppen ihre Lösungen der Fragen vor; diese werden anschließend besprochen.
Im **4. Arbeitsschritt** suchen die Schüler gemeinsam nach Gründen für den Streit des Paares. Sie notieren jeden Grund auf eine Moderationskarte, die sie anschließend im **5. Arbeitsschritt** in einer Stafettenpräsentation vorstellen. Danach clustern zwei bis drei Schüler die Karten, sodass verschiedene Problemfelder erkennbar werden.
Im **6. Arbeitsschritt** entscheiden sich die Schüler für ein Problemfeld, das sie bearbeiten möchten. Sie formulieren dazu einen vollständigen Satz und schreiben ihn auf eine runde Moderationskarte. Möglich wäre auch, den Schülern die Problemfelder zuzulosen.
Im **7. Arbeitsschritt** stellen die Schüler in der Diskusssion Überlegungen an, wie das Paar sein Problem lösen könnte. Sie entscheiden sich für drei Lösungsmöglichkeiten und notieren diese auf den so genannten Problemsprengungskarten.
Im **8. Arbeitsschritt** präsentieren die Schüler jeweils ein Problemfeld, zu dem sie ihre Problemlösungen erarbeitet haben. Dabei ordnen sie ihre Problemsprengungskarten kreisförmig um das Problem herum an, das sie damit lösen wollen. Anschließend findet im Plenum eine Diskussion der Lösungsansätze statt.

06 Zwischen den Zeilen lesen

A1 EA

Lies nochmals die Kurzgeschichte „Happy End" aus der Lernspirale 05.
Unterstreiche die Äußerungen und Gedanken der Frau ODER des Mannes farbig.

A2 PA

Vergleicht eure Ergebnisse. Beantwortet eine der Fragen. Macht euch Notizen.

Gruppe Mann:
a) Welchen Aufschluss geben die Äußerungen und Gedanken des Mannes über seine Haltung zum Kinofilm und zu seiner Frau?

Gruppe Frau:
b) Was verraten die Gedanken und Äußerungen der Frau über ihre Einstellung zum Kinofilm und zu ihrem Mann?

A3 PA

Nennt Gründe für die Reaktion eurer Person (Mann oder Frau) auf den Film und für den sich anschließenden Streit.
Notiert jeweils einen Grund auf eine Karte und bereitet euch auf die Stafettenpräsentation vor.

Info
Um eine Stafettenpräsentation durchzuführen, stellt ihr euch in gestaffelten Halbkreisen vor der Pinnwand/Tafel auf und heftet eure Karten nach und nach an. Dabei hat jeder von euch nur eine Karte und muss sich entscheiden, ob und wie er sich anschließen möchte.

A4 GA

Nachdem euch die unterschiedlichen Gründe für die Gedanken und das Verhalten der beiden Personen aus der Kurzgeschichte bekannt sind, geht es darum, möglichst Lösungen für deren Probleme zu finden.
Entscheidet euch zuerst in der Gruppe für ein Problem, das ihr gerne lösen möchtet und formuliert es zu einem Satz.

Problem:

A5 GA

Diskutiert in der Gruppe, wie das Paar sein Problem lösen könnte.
Notiert das Problem auf eine runde Karte und füllt die drei so genannten Problemsprengungskarten mit jeweils einer Lösung in Stichworten aus.

EA = Einzelarbeit
PA = Partnerarbeit
GA = Gruppenarbeit
PL = Plenum

Lösungsvorschläge von Schülern für LS06.M1.A5

Jeder sollte seine Wünsche äußern.

Auf die Wunschäußerung sollte es keine abfälligen Bemerkungen des Partners geben.

Das Paar äußert seine Bedürfnisse und Wünsche nicht.

Die beiden sollten sich in der Gestaltung ihrer Freizeit abwechseln.

Die beiden sollten sich zu ihren Vorstellungen einer Beziehung äußern.

Die beiden sollten sich so, wie sie sind, respektieren.

Beide haben sehr unterschiedliche Vorstellungen von ihrer Beziehung.

Die beiden könnten eine Paartherapie machen.

Eine Fortsetzung schreiben

		Zeit	Lernaktivitäten	Material	Kompetenzen
1	EA	5′	S notieren in Stichworten zwei Ideen für die Fortsetzung der Kurzgeschichte „Happy End".	LS 05.M1.A4, M1.A1	- produktive Methode des Weiterschreibens anwenden - eigene Textproduktion originell und kreativ gestalten - dem Thema gemäße Darstellungsform wählen - eigenständig reflektieren und bewerten - Texte sinngebend und gestaltend vorlesen - Gesprächsbeiträge anderer verfolgen und aufnehmen - gezielt nachfragen - konstruktiv diskutieren - die eigene Meinung begründet vertreten
2	PA	10′	S einigen sich auf zwei Ideen für die Fortsetzung der Kurzgeschichte „Happy End" und notieren diese auf Karten.	M1.A2	
3	GA	10′	S einigen sich auf die beste Idee für die Fortsetzung der Kurzgeschichte „Happy End" und notieren diese auf eine Karte.	M1.A3	
4	PL	5′	S präsentieren die beste Idee im Plenum.		
5	EA	20′	S schreiben eine Fortsetzung zu einer Idee ihrer Wahl.	M1.A4	
6	GA	10′	S lesen sich in der Gruppe ihre Fortsetzungen vor.	M1.A5	
7	GA	15′	S diskutieren Zusammenhang zwischen Kurzgeschichte und Fortsetzungen. S schreiben dazu einen Spickzettel.	M1.A6	
8	PL	10′	S lesen ausgewählte Fortsetzungen vor und präsentieren ihre Ergebnisse anhand ihres Spickzettels.		

Erläuterungen zur Lernspirale

Ziel der Doppelstunde ist es, eine Kurzgeschichte mit Hilfe eines erfundenen Schlusses weiterzuschreiben, um sich auf diese Art mit Inhalt und Deutung der Geschichte auseinanderzusetzen.

Zum Ablauf im Einzelnen:
Im **1. bis 3. Arbeitsschritt** wendet der Lehrer die Schneeballmethode an, um die Schüler möglichst viele Ideen für eine Fortsetzung der Kurzgeschichte finden zu lassen. Diese Methode hat den Vorteil, dass jeder Schüler seine Ideen einbringen kann und sich so mit den Inhalten der Kurzgeschichte auseinandersetzen muss. Zuerst notiert der einzelne Schüler zwei Ideen, wie die Kurzgeschichte fortgesetzt werden könnte, dann wird ihm ein Partner zugelost, beispielsweise mit Date-Karten. Die beiden einigen sich auf die zwei besten Ideen. Danach werden zwei Tandems zusammengelost, sodass Vierer-Gruppen entstehen. Diese Gruppen einigen sich wiederum auf die beste Möglichkeit der Fortsetzung und notieren diese auf einer Moderationskarte.
Im **4. Arbeitsschritt** präsentieren die Schüler die beste Idee der Gruppe im Plenum. Sie hängen die Ideen auf Karten an eine Präsentationswand, sodass die Schüler im folgenden Arbeitsschritt die Möglichkeit haben, eine Idee aus dem Pool auswählen zu können.

Im folgenden **5. Arbeitsschritt** wählen die Schüler eine Idee aus und schreiben ihre Fortsetzung.
Im **6. Arbeitsschritt** werden Arbeitsgruppen gebildet. Zwei Möglichkeiten sind an dieser Stelle praktikabel: Es setzen sich alle Schüler zusammen, die die gleiche Fortsetzungsidee gewählt haben oder, falls dies nicht möglich ist, wird per Los abgezählt. Die Schüler lesen sich reihum in der Gruppe ihre Fortsetzungen vor. Es empfiehlt sich, darauf hinzuweisen, beim Vorlesen auf richtige Betonung und Stimmmodulation zu achten, um diese Phase nicht langweilig werden zu lassen.
Im **7. Arbeitsschritt** diskutieren die Schüler die Frage, welche Verbindung zur Kurzgeschichte durch die jeweilige Fortsetzung hergestellt und wie diese ausgestaltet wurde. Sie machen sich dazu stichwortartig Notizen auf einem Spickzettel. Darüber hinaus einigen sie sich, welcher Schluss dem Plenum vorgetragen wird.
Im **8. Arbeitsschritt** präsentieren die Schüler dem Plenum die Ergebnisse des vorherigen Arbeitsschrittes. Pro Gruppe sollte eine Fortsetzung vorgelesen und die Diskussionsergebnisse mit Hilfe des Spickzettels vorgetragen werden.

✓ Merkposten
- Filzstifte
- Lose
- Moderationskarten
- Date-Karten
- Präsentationswand

Hinweis:
Bei der Methode des „Datings" finden sich Paare mit Hilfe von Date-Karten. Jeder Schüler erhält eine Karte, auf der eine „Hälfte" eines bekannten Paares genannt wird und sucht die entsprechende andere „Hälfte". (Beispiele: Cäsar und Cleopatra, Bonnie und Clyde, Asterix und Obelix, Hänsel und Gretel, …)

07 Fortsetzung folgt

A1 EA

Lies nochmals die Kurzgeschichte „Happy End" aus der Lernspirale 05 und überlege dir zwei mögliche Fortsetzungen für diese Kurzgeschichte. Notiere in Stichworten.

A2 PA

Stellt euch eure Ideen zur Fortsetzung der Geschichte vor und einigt euch auf zwei gemeinsame Ideen, die ihr in Stichworten auf Moderationskarten notiert.

A3 GA

Stellt euch gegenseitig in der Gruppe eure Ideen vor. Einigt euch anschließend auf die Idee, die euch als beste für die Fortsetzung der Kurzgeschichte „Happy End" erscheint.
Bereitet die Präsentation eurer Idee vor.

A4 EA

Wähle eine Idee aus und schreibe eine Fortsetzung zu der Kurzgeschichte.

A5 GA

Jedes Gruppenmitglied liest der gesamten Gruppe seine Fortsetzung vor.

A6 GA

Diskutiert jede Fortsetzung in der Gruppe. Beachtet dabei folgende Punkte:
Welche Verbindung stellt die Fortsetzung zur Kurzgeschichte her? Wie wird diese Verbindung in der Fortsetzung dargestellt?

Fasst das Ergebnis der Diskussion für jede Fortsetzung in Stichworten zusammen. Notiert das Ergebnis auf einem Spickzettel. Den Spickzettel benötigt ihr im Anschluss für die Präsentation im Plenum.
Einigt euch zuletzt auf die Fortsetzung, die ihr den anderen vorstellen werdet.

Tipp

Um passende Fortsetzungen für diese Kurzgeschichte zu finden, hilft es dir, wenn du versuchst, dich in die Situation der beiden hineinzuversetzen. Überlege zum Beispiel:

Was würde die Frau jetzt gerne tun?

Was würde der Mann vielleicht gerne tun?

Lass dich nicht zu sehr von den Klischees leiten, die du aus dem Fernsehen kennst.

Klischee

Der Begriff stammt aus dem Französischen und bezeichnet einen Abklatsch, eine billige Nachahmung ohne Aussagewert. Klischees sind überkommene Vorstellungen, eingefahrene Denkschemata, auch abgedroschene Redensarten.

EA = Einzelarbeit
PA = Partnerarbeit
GA = Gruppenarbeit
PL = Plenum

Mit Hilfe der Aufdeckmethode den Textaufbau erschließen

		Zeit	Lernaktivitäten	Material	Kompetenzen
1	EA	5′	S decken Titel der Kurzgeschichte auf und notieren ihre Deutung.	M1.A1	- Textaufbau erfassen - Visualisierung (Skizzen) zur Textstrukturierung anwenden - Leseerwartungen bewusst nutzen - sinnerfassend lesen - Textabschnitte zusammenfassen - Fragen zum Text beantworten - konstruktiv diskutieren - mit anderen in der Gruppe effizient zusammenarbeiten - Präsentationstechniken (Folie) anwenden - einen Bericht schreiben
2	EA	20′	S decken nacheinander den ersten bis fünften Textteil auf und beantworten die Leitfragen schriftlich.	M1.A2	
3	PA	15′	Tandems vergleichen ihre Antworten. Sie diskutieren ihre Leseerwartungen und erörtern die „Pointe“ der Geschichte.	M1.A3	
4	GA	30′	S skizzieren die einzelnen Handlungsschritte auf Folie. Sie bereiten eine kooperative Präsentation vor, bei der sie die Steigerung der Handlungsschritte erläutern.	M1.A4	
5	PL	15′	Ausgeloste Gruppen präsentieren ihre Folienskizzen. Im Unterrichtsgespräch werden die sich steigernden Handlungsschritte vertieft.		
6	HA		S versetzen sich in die Lage des Polizeieinsatzleiters und schreiben einen kurzen Bericht über den Einsatz.	M1.A5	

Erläuterungen zur Lernspirale

Ziel der Doppelstunde ist es, mit Hilfe der Aufdeckmethode den Aufbau der Kurzgeschichte zu erfassen. Diese Methode eignet sich zum einen, um die Leseerwartungen zum Verständnis der Handlungsschritte zu nutzen, als auch, um die Figuren- und Raumkonstellation mittels Leitfragen zu erarbeiten. Die eingeschränkte Perspektive des Fensters wird durch das Skizzieren der Handlungsschritte verdeutlicht.

Zum Ablauf im Einzelnen:
Im **1. Arbeitsschritt** decken die Schüler den Titel des Textes auf und machen sich Notizen zu ihren Vermutungen, Deutungen oder Erwartungen an die Kurzgeschichte.
Im **2. Arbeitsschritt** decken die Schüler die Textabschnitte nacheinander auf und beantworten Abschnitt für Abschnitt die Leitfragen. Sie erfassen auf diese Weise Schritt für Schritt den Aufbau des Textes.
Im **3. Arbeitsschritt** vergleichen die Tandems ihre Ergebnisse. Sie diskutieren ihre jeweiligen Erwartungen an den nächsten Textabschnitt und erkennen so, dass der Blickwinkel von Abschnitt zu Abschnitt wechselt. Der Bezug zum Titel wird hergestellt, indem die Schüler die eingeschränkte Perspektive des Fensters herausarbeiten.
Im **4. Arbeitsschritt** werden nach Möglichkeit Fünfer-Zufallsgruppen gebildet. Die Gruppe hat die Aufgabe, zu jedem Textabschnitt jeweils eine Skizze anzufertigen, auf der Personen und Schauplatz deutlich werden. Nach Diskussion der Entwürfe werden diese auf Folienabschnitte übertragen.
Dabei empfiehlt sich eine Arbeitsteilung innerhalb der Gruppe. Es wird eine gemeinsame Präsentation durch alle Gruppenmitglieder vorbereitet. Die Schüler haben hierbei die Aufgabe, während der Präsentation die sich steigernden Handlungsschritte aufzuzeigen.
Eine Alternative zu den Folienabschnitten stellen weiße DIN-A4-Blätter dar, die an der Tafel den Schauplatz entstehen lassen. Folienabschnitte haben den Vorteil, dass sie übereinandergelegt werden können. Damit lassen sich sowohl der unterschiedliche Blickwinkel als auch die Steigerung verdeutlichen.
Im **5. Arbeitsschritt** präsentieren die Schüler ihre Ergebnisse. Im Unterrichtsgespräch wird die Steigerung der Handlungsschritte vertieft. Anhand der Folienskizzen kann der unterschiedliche Blickwinkel nochmals thematisiert werden und damit der Bezug zum Titel deutlich herausgearbeitet werden.
In der **Hausaufgabe** beschreiben die Schüler die Ereignisse aus Sicht eines Polizeieinsatzleiters. Auch der Polizeibericht soll die Ereignisse chronologisch darstellen, sodass die Inhalte noch einmal wiederholt werden. Mit dieser Hausaufgabe kann die nächste Lernspirale eingeleitet werden.

✓ Merkposten
- pro Gruppe fünf Folienabschnitte (Größe ca. 21 x 10 cm)
- Folienstifte
- Overheadprojektor
- Lose

08 Handlungsschritte skizzieren

A1 EA

Decke den gesamten Text der Kurzgeschichte mit einem Blatt ab. Lass nur den Titel frei. Deute den Titel. Worum könnte es in dieser Geschichte gehen? Mache dir Notizen dazu.

Ilse Aichinger

Die österreichische Autorin der Kurzgeschichte „Das Fenstertheater" wurde als Tochter einer (jüdischen) Ärztin und eines (nicht-jüdischen) Lehrers 1921 in Wien geboren. Nach dem Anschluss Österreichs an das nationalsozialistische Deutsche Reich wurde die Familie verfolgt. Von 1945 bis 1947 studierte Ilse Aichinger Medizin und begann zu schreiben. Sie ist eine der bedeutendsten Repräsentantinnen der deutschen Nachkriegsliteratur.

A2 EA

Decke, nachdem der Lehrer ein Signal gegeben hat, jeweils den nächsten Textabschnitt auf und lies ihn. Notiere anschließend die Antworten zu folgenden Fragen in deinem Deutschheft. Belege deine Antworten, wenn möglich, mit Zeilenangaben.

Fragen zu den einzelnen Textabschnitten:
1. Welche Personen sind beteiligt?
2. Wo spielt der Textabschnitt?
3. Worum geht es in diesem Textabschnitt?
4. Was erwartest du vom nächsten Textabschnitt?

Das Fenstertheater *Ilse Aichinger*

Die Frau lehnte am Fenster und sah hinüber. Der Wind trieb in leichten Stößen vom Ufer herauf und brachte nichts Neues. Die Frau hatte den starren Blick neugieriger Leute, die unersättlich sind. Es hatte ihr noch niemand den Gefallen getan, vor ihrem Haus niedergefahren zu werden. Außerdem wohnte sie im vorletzten Stock, die Straße lag zu tief unten. Der Lärm rauschte nurmehr leicht herauf. Alles lag zu tief unten. Als sie sich eben vom Fenster abwenden wollte, bemerkte sie, dass der Alte gegenüber Licht angedreht hatte. Da es noch ganz hell war, blieb dieses Licht für sich und machte den merkwürdigen Eindruck, den aufflammende Straßenlaternen unter der Sonne machen. Als hätte einer an seinen Fenstern die Kerzen angesteckt, noch ehe die Prozession die Kirche verlassen hat. Die Frau blieb am Fenster.

Der Alte öffnete und nickte herüber. Meint er mich?, dachte die Frau. Die Wohnung über ihr stand leer und unterhalb lag eine Werkstatt, die um diese Zeit schon geschlossen war. Sie bewegte leicht den Kopf. Der Alte nickte wieder. Er griff sich an die Stirn, entdeckte, dass er keinen Hut aufhatte, und verschwand im Innern des Zimmers. Gleich darauf kam er in Hut und Mantel wieder. Er zog den Hut und lächelte. Dann nahm er ein weißes Tuch aus der Tasche und begann zu winken. Erst leicht und dann immer eifriger. Er hing über der Brüstung, dass man Angst bekam, er würde vornüber fallen. Die Frau trat einen Schritt zurück, aber das schien ihn nur zu bestärken. Er ließ das Tuch fallen, löste seinen Schal vom Hals – einen großen bunten Schal – und ließ ihn aus dem Fenster wehen. Dazu lächelte er. Und als sie noch einen weiteren Schritt zurück trat, warf er den Hut mit einer heftigen Bewegung ab und wand den Schal wie einen Turban um seinen Kopf. Dann kreuzte er die Arme über der Brust und verneigte sich. Sooft er aufsah, kniff er das linke Auge zu, als herrsche zwischen ihnen ein geheimes Einverständnis. Das bereitete ihr so lange Vergnügen, bis sie plötzlich nurmehr seine Beine in dünnen, geflickten Samthosen in die Luft ragen sah. Er stand auf dem Kopf.

EA = Einzelarbeit
PA = Partnerarbeit
GA = Gruppenarbeit
PL = Plenum

Als sein Gesicht gerötet, erhitzt und freundlich wieder auftauchte, hatte sie schon die Polizei verständigt.
Und während er, in ein Leintuch gehüllt, abwechselnd an beiden Fenstern erschien, unterschied sie schon drei Gassen weiter über dem Geklingel der Straßenbahnen und dem gedämpften Lärm der Stadt das Hupen des Überfallautos. Denn ihre Erklärung hatte nicht sehr klar und ihre Stimme erregt geklungen. Der alte Mann lachte jetzt, sodass sich sein Gesicht in tiefe Falten legte, streifte dann mit einer vagen Gebärde darüber, wurde ernst, schien das Lachen eine Sekunde lang in der hohlen Hand zu halten und warf es dann hinüber. Erst als der Wagen schon um die Ecke bog, gelang es der Frau sich von seinem Anblick loszureißen.

Sie kam atemlos unten an. Eine Menschenmenge hatte sich um den Polizeiwagen gesammelt. Die Polizisten waren abgesprungen und die Menge kam hinter ihnen und der Frau her. Sobald man die Leute zu verscheuchen suchte, erklärten sie einstimmig, in diesem Hause zu wohnen. Einige davon kamen bis zum letzten Stock mit. Von den Stufen beobachteten sie, wie die Männer, nachdem ihr Klopfen vergeblich blieb und die Glocke allem Anschein nach nicht funktionierte, die Tür aufbrachen. Sie arbeiteten schnell und mit einer Sicherheit, von der jeder Einbrecher lernen konnte. Auch in dem Vorraum, dessen Fenster auf den Hof sahen, zögerten sie nicht eine Sekunde. Zwei von ihnen zogen die Stiefel aus und schlichen um die Ecke. Es war inzwischen finster geworden. Sie stießen an einen Kleiderständer, gewahrten den Lichtschein am Ende des schmalen Ganges und gingen ihm nach. Die Frau schlich hinter ihnen her.

Als die Tür aufflog, stand der alte Mann mit dem Rücken zu ihnen gewandt noch immer am Fenster. Er hielt ein großes weißes Kissen auf dem Kopf, das er immer wieder abnahm, als bedeutete er jemandem, dass er schlafen wolle. Den Teppich, den er vom Boden genommen hatte, trug er um die Schultern. Da er schwerhörig war, wandte er sich auch nicht um, als die Männer schon knapp hinter ihm standen und die Frau über ihn hinweg in ihr eigenes finsteres Fenster sah. Die Werkstatt unterhalb war, wie sie angenommen hatte, geschlossen. Aber in der Wohnung oberhalb musste eine neue Partei eingezogen sein. An eines der erleuchteten Fenster war ein Gitterbett geschoben, in dem aufrecht ein kleiner Knabe stand. Auch er trug sein Kissen auf dem Kopf und die Bettdecke um die Schultern. Er sprang und winkte herüber und krähte vor Jubel.
Er lachte, strich mit der Hand über das Gesicht, wurde ernst und schien das Lachen eine Sekunde lang in der hohlen Hand zu halten. Dann warf er es mit aller Kraft den Wachleuten ins Gesicht.

(Ilse Aichinger, Das Fenster-Theater. Aus: dies., Der Gefesselte. F. Fischer Verlag, Frankfurt am Main 1954)

A3 PA

Vergleicht eure Antworten.
Begründet und diskutiert eure jeweiligen Erwartungen an den nächsten Textabschnitt.
Erläutert, vom Titel der Kurzgeschichte ausgehend, die „Pointe" der Geschichte.

A4 GA

Entwerft zu jedem Textabschnitt eine Skizze. Auf der Skizze müssen die handelnden Personen und der jeweilige Schauplatz angedeutet werden. Übertragt anschließend die Entwürfe auf die Folienabschnitte. Geht dabei arbeitsteilig vor.
Bereitet eine gemeinsame Präsentation vor, bei der deutlich wird, wie sich die Aktionen der „Theateraufführung", also der Handlungsschritte, steigern.

A5 EA

Versetze dich in die Lage des Polizeieinsatzleiters und verfasse einen kurzen Bericht, der den Einsatz erklärt.

EA = Einzelarbeit
PA = Partnerarbeit
GA = Gruppenarbeit
PL = Plenum

Eine Figurenperspektive darstellen

		Zeit	Lernaktivitäten	Material	Kompetenzen
1	EA	15′	S lesen und unterstreichen die Kurzgeschichte „Das Fenstertheater" nach Aufgabenstellung.	LS08.M1.A2, M1.A1	- Figuren anhand eines Textes charakterisieren - Verhaltensweisen beschreiben und werten - verschiedene Positionen einnehmen und darstellen - verschiedene Sichtweisen klären - eigene Deutungen entwickeln - gezielt markieren - Begriffe ordnen und zur Weiterarbeit nutzen - sinnerfassend lesen - Informationen entnehmen - zielgerichtet arbeiten und kooperieren
2	PA	5′	S vergleichen, ergänzen bzw. korrigieren ihre Unterstreichungen.	M1.A2	
3	EA	10′	S machen sich Notizen über Sichtweise der Figuren.	M1.A3	
4	PA	15′	S berichten in Ich-Form in einem Doppelkreis über Erlebtes der Figuren und klären die unterschiedlichen Sichtweisen.	M1.A4	
5	EA	5′	S markieren Wortsammlung und sortieren die Begriffe.	M1.A5	
6	GA	20′	S vergleichen die Markierungen. Sie tragen Begriffe in Tabelle ein, ergänzen weitere, suchen Textbelege und diskutieren ihre Entscheidungen.	M1.A6	
7	PL	10′	S präsentieren ihre Lösungen und besprechen diese.		
8	HA		S beschreiben aus der Ich-Perspektive einer der Figuren, wie sie das Geschehen gesehen und empfunden haben.	M1.A7	

Erläuterungen zur Lernspirale

✓ **Merkposten**
- Textmarker in zwei verschiedenen Farben
- Lose

Ziel der Doppelstunde ist es, anhand der Kurzgeschichte die Rollen verschiedener Figuren zu untersuchen und deren unterschiedliche Sichtweisen einzunehmen. Den Schülern wird dadurch deutlich, wie unterschiedlich die beiden Personen die Realität wahrnehmen und wie unterschiedlich deshalb auch ihr Charakter ist.

Zum Ablauf im Einzelnen:
Vor dem ersten Arbeitsschritt sollte die Hausaufgabe der vorherigen Stunde (M1.A5) von ein bis zwei Schülern vorgelesen und im Plenum besprochen werden.
Im **1. Arbeitsschritt** lesen die Schüler den Text „Das Fenstertheater" und unterstreichen dabei mit zwei verschiedenen Farben die Textstellen, die etwas über den Mann bzw. die Frau aussagen. Es ist sinnvoll, diese Farben vorab festzulegen, sodass alle dieselbe Farbe für die gleiche Figur verwenden.
Im **2. Arbeitsschritt** gleichen die Schüler die Ergebnisse miteinander ab. In einer leistungsstarken Lerngruppe kann diese Phase entfallen.
Im **3. Arbeitsschritt** wird den Schülern eine der beiden Figuren zugelost; dies geschieht am besten durch Abzählen. Die Schüler suchen sich mittels ihrer Markierungen die Textstellen heraus, die ihre Figur betreffen und machen sich dazu Notizen.
Der **4. Arbeitsschritt** beginnt mit einem Doppelkreis. Die Schüler berichten ihrem Gegenüber aus der Perspektive ihrer Figur, was bis zum Auftauchen der Polizei in der Wohnung des alten Mannes geschah. Dabei nehmen die Schüler die Ich-Perspektive ein, um die Figur besser verstehen zu können. Zuerst erzählt der Innenkreis aus der Sicht der Frau, dann der Außenkreis aus der Sicht des Mannes. Wenn beide ihre Sicht der Ereignisse dargelegt haben, erhalten die Schüler einen weiteren Arbeitsauftrag: Sie klären mit ihrem Partner, warum die Sichtweisen so unterschiedlich sind und in welchem Zusammenhang dies mit dem Charakter der Figuren steht. Die Schüler notieren ihre Ergebnisse.
Im **5. Arbeitsschritt** weisen die Schüler den beiden Hauptpersonen der Kurzgeschichte Begriffe aus der Wortsammlung auf dem Arbeitsblatt zu. Einige Wörter beschreiben die Figuren treffend, andere wieder nicht, sodass die Schüler Entscheidungen treffen müssen. Die Schüler sollten zum Markieren die gleichen Farben benutzen wie in Aufgabe 1.
Im **6. Arbeitsschritt** werden Zufallsgruppen gebildet. Die Schüler tragen die markierten Begriffe in die Tabelle ein, suchen Textbelege dafür und ergänzen weitere Begriffe, die sie als zutreffend ansehen.
In der Plenumsphase des **7. Arbeitsschrittes** werden die vorangegangenen Arbeitsschritte von ein bis zwei ausgewählten Gruppen präsentiert und besprochen.
In der **Hausaufgabe** beschreiben die Schüler in Aufsatzform, wie das Geschehen aus Sicht ihrer Figur stattgefunden hat. Sie können dazu auch die Gesprächsinhalte aus dem Doppelkreis verwenden.

09 Sich in Figuren hineinversetzen

A1 EA

Lies nochmals die Kurzgeschichte „Das Fenstertheater“ und unterstreiche diejenigen Textstellen mit zwei verschiedenen Farben, in denen etwas über die Frau bzw. den alten Mann ausgesagt wird.

A2 PA

Vergleicht, ergänzt oder korrigiert eure Unterstreichungen.

A3 EA

Dir wird die Rolle des Mannes oder der Frau zugelost. Versetze dich in die Situation deiner Figur und notiere aus ihrer Sicht in Stichworten, was sie gerade erlebt hat und wie sie die Erlebnisse empfunden hat. Beachte auch, welche Themen zwischen den Zeilen mitschwingen.

Diese Notizen darfst du während des Partnerberichts verwenden.

A4 PA

Berichtet eurem Partner in Form von Ich-Botschaften, wie ihr das Geschehen erlebt habt. Überlegt anschließend, was die unterschiedlichen Sichtweisen mit dem Charakter der beiden Personen zu tun haben könnten. Notiert eure Ergebnisse.

EA = Einzelarbeit
PA = Partnerarbeit
GA = Gruppenarbeit
PL = Plenum

A5 EA

Welche Beschreibungen treffen zu?
Markiere mit den gleichen Farben wie in Aufgabe 1 die Begriffe aus der Wortsammlung, die eher die Frau beschreiben und charakterisieren, und diejenigen, die eher auf den Mann zutreffen.

schwerhörig · Ich-bezogen · freundlich · traurig · einsam · verschlossen · krank · kontaktfreudig · neugierig · lustig · fantasievoll · reserviert · sensationshungrig · kommunikationsbereit · denkt in Stereotypen · gerecht · korrekt · unsicher · isoliert · betroffen · kreativ · offen · fantasielos · egoistisch · kontaktarm

A6 GA

Erstellt eine Tabelle, in der ihr die Begriffe aus der Wörtersammlung nach Mann und Frau sortiert. Schreibt weitere Begriffe dazu, die den Mann oder die Frau charakterisieren. Diskutiert eure Entscheidung und findet Belege im Text dafür. Notiert die entsprechenden Textzeilen.

Frau	Zeile	Mann	Zeile

Tipp

Einen Menschen zu charakterisieren, bedeutet sein ganzes Wesen zu erfassen und zu beschreiben.

Dazu gehört das äußere Erscheinungsbild, aber auch das Verhalten in verschiedenen Situationen, wie z. B. Krisen. Außerdem werden Gefühle, die geäußert werden, Stimmungen, Handlungsweisen etc. beschrieben, die besonders aufschlussreich für den Charakter einer Person sind.

A7 EA

Nimm die Rolle ein, in die du in Aufgabe 3 schon geschlüpft bist.
Schreibe aus der Ich-Perspektive, wie du das Geschehen aus der Sicht des Mannes oder der Frau empfunden und gesehen hast. Schreibe dabei auch auf, was der Erzähler nicht sieht, nämlich deine Gefühle, Ahnungen, Ängste …

EA = Einzelarbeit
PA = Partnerarbeit
GA = Gruppenarbeit
PL = Plenum

Eine Figurenkonzeption produktiv verändern

		Zeit	Lernaktivitäten	Material	Kompetenzen
1	EA	10′	S lesen die Kurzgeschichte und notieren erste Leseeindrücke.	M1.A1	- wesentliche Elemente (Figuren) eines Textes erfassen - eine eigene Deutung des Textes entwickeln - produktive Methode zum Textverständnis anwenden - produktive Schreibform (umschreiben) nutzen - eigene Textproduktion originell und kreativ gestalten - gedanklich geordnet schreiben - Texte überarbeiten - sinnerfassend lesen - gezielt unterstreichen - Randnotizen machen - Inhalte wiedergeben - gezielt nachfragen - eine eigene Meinung begründet vertreten - auf Gesprächsbeiträge sachlich und argumentierend eingehen
2	PA	10′	S tauschen sich über Leseeindrücke aus und finden gemeinsam die Kernaussage des Textes.	M1.A2	
3	PL	10′	S besprechen die Kernaussage.		
4	EA	15′	S unterstreichen Textstellen, die etwas über die Titelfigur aussagen, machen sich Notizen am Rand und schreiben einen Spickzettel zur Figur Känsterles.	M1.A3	
5	PA	10′	S beschreiben sich mit Hilfe des Spickzettels die Hauptfigur.	M1.A4	
6	GA	10′	S legen Schaubild an und notieren Stichworte zu äußeren Merkmalen, Charakter und gezeigtem Verhalten Känsterles.	M1.A5	
7	GA	15′	S verwandeln den Charakter der Hauptfigur ins Gegenteil und notieren Stichworte im Schaubild.	M1.A6	
8	EA	30′	S schreiben neue Geschichte und passen Geschichte der veränderten Hauptfigur an.	M1.A7	
9	PA	10′	S lesen die Geschichte des Partners. S vergleichen die Figur des Känsterle mit der neuen Geschichte und besprechen die veränderte Intention.	M1.A8	
10	PL	10′	S präsentieren ihre Geschichten und die Ergebnisse ihres Vergleichs.		

Erläuterungen zur Lernspirale

Ziel der drei Unterrichtsstunden ist es, über das Verändern einer Figur in einer Kurzgeschichte die Intention der Geschichte zu klären. Dies geschieht, indem die Schüler die Figur von einer schwachen zu einer starken Persönlichkeit umwandeln, die Geschichte diesem Umstand anpassen und so auch die Intention verändern müssen. Diese Umwandlung lässt auch eine Klärung der eigentlichen, ursprünglichen Intention zu. Nach Arbeitsschritt 4 kann eine erste Zäsur stattfinden, ebenso nach dem siebten Arbeitsschritt.

Zum Ablauf im Einzelnen:
Vor dem 1. Arbeitsschritt kann die Hausaufgabe von ein bis zwei Schülern vorgelesen und im Plenum beprochen werden.
Im **1. Arbeitsschritt** lesen die Schüler die Kurzgeschichte und notieren direkt im Anschluss erste Leseeindrücke.
Im **2. Arbeitsschritt** tauschen sie sich mit ihrem Tischnachbarn aus und finden gemeinsam die Kernaussage der Geschichte, die im **3. Arbeitsschritt** in einem Unterrichtsgespräch geklärt wird. Diese Klärung ist eine wichtige Voraussetzung, um später die Intention des Textes zu verstehen.
Im **4. Arbeitsschritt** unterstreichen die Schüler Textstellen, in denen die Hauptfigur beschrieben wird, machen sich am Rand des Textes Notizen dazu und schreiben einen Spickzettel.
Im **5. Arbeitsschritt** beschreiben die Schüler die Hauptfigur mit eigenen Worten, aber auf Basis des Textes. Ziel ist, dass die Schüler sich möglichst ein umfassendes Bild über Charakter und Aussehen der Hauptfigur machen, dies in Worte fassen und ihrem Tandempartner mitteilen.
Im folgenden **6. Arbeitsschritt** notieren die Gruppenmitglieder Stichworte zu Charakter, äußeren Merkmalen und gezeigtem Verhalten der Hauptfigur auf einem Schaubild, das sie nach der Vorlage auf dem Arbeitsblatt in DIN-A4-Größe angelegt haben.
Im **7. Arbeitsschritt** überlegen sich die Schüler gemeinsam, wie sie die Hauptfigur im Hinblick auf Charakter, gezeigtes Verhalten und äußere Merkmale verändern können und notieren ihre Ergebnisse auf der anderen Seite des Schaubildes.
Im **8. Arbeitsschritt** schreiben die Schüler einen neuen Text. Sie passen die Handlung und das Verhalten der Figuren insgesamt an die veränderte Hauptfigur an. Auf diese Weise verändert sich die Intention des Textes vollständig.
Im **9. Arbeitsschritt** tauschen die Schüler ihre Geschichten mit dem Tandempartner aus und vergleichen die Figur aus der Kurzgeschichte mit der neu entstandenen. Sie besprechen die veränderte Intention der Geschichten.
In der Plenumsphase des **10. Arbeitsschrittes** lesen ausgeloste Schüler ihre Kurzgeschichten vor.

✓ Merkposten
- Lose
- Notizzettel in DIN-A6 oder DIN-A7 für AS 4 und AS 5
- DIN-A4-Blätter, weiß

10 Eine Kurzgeschichte umschreiben

A1 EA

Lies die Kurzgeschichte „Känsterle" von Rainer Brambach. Notiere deinen ersten Leseeindruck.

Känsterle

Wallfried Känsterle, der einfache Schlosser, sitzt nach Feierabend vor dem Fernsehschirm. Wo denn sonst? – Tagesschau, Wetterkarte; die Meisterschaft der Gewichtheber interessiert Känsterle.

„Mach den Ton leiser, die Buben schlafen!", ruft Rosa, die in der Küche Geschirr gespült hat und nun hereinkommt.

Känsterle gehorcht.

„Es ist kalt draußen", plaudert sie, „wie gut, dass wir Winterfenster haben. Nur frisch anstreichen sollte man sie wieder einmal. Wallfried, im Frühjahr musst du unbedingt die Winterfenster streichen. Und kitten muss man sie! Überall bröckelt der Kitt. Niemand im Haus hat so schäbige Winterfenster wie wir! Ich ärgere mich jedes Mal, wenn ich die Winterfenster putze. Hast du gehört?"

„Ja, ja", sagt Känsterle abwesend.

„Was macht denn der da?", fragt Rosa und deutet auf den Fernsehschirm. „Der könnte seine Kraft auch für was Besseres gebrauchen! Stell das doch ab, ich hab mit dir zu reden!"

„Gleich, gleich!", sagt Känsterle und beugt sich etwas näher zum Schirm. „Herr Hansmann im Parterre hat im letzten Sommer seine Winterfenster neu gekittet und gestrichen, obwohl es gar nicht nötig war. Nimm dir mal ein Beispiel an Herrn Hansmann! Seine ganzen Ferien hat er dran gegeben. So ein ordentlicher Mann ... Übermorgen ist Sankt Nikolaus. Erinnerst du dich an Herrn Weckhammer? Ich hab heut im Konsum seine Frau getroffen, ganz in Schwarz. Der alte Weckhammer ist umgefallen, beim Treppensteigen, Herzschlag."

Känsterle drückt auf die Taste *Aus*.

„Ein Trost", fängt Rosa wieder an, „dass die Weckhammerschen Kinder aus dem Gröbsten raus sind. Die Witwe fragt, ob wir den Nikolaus gebrauchen können. Eine Kutte mit Kaninchenfell am Kragen, schöner weißer Bart, Stiefel, Sack und Krummstab, alles gut erhalten. Nur vierzig Mark will sie dafür, hat sie gesagt. Mein Mann wird kommen und ihn holen, hab ich da gesagt. Nicht wahr, Wallfried, du wirst Paul und Konradle die Freude machen?"

Känsterle schaut auf die matte Scheibe.

„Wallfried!", ruft Rosa.

„Aber Rosa", murmelt Känsterle hilflos, du weißt doch, dass ich nicht zu so was tauge. Was soll ich denn den Buben sagen? Ein Nikolaus muss ein geübter Redner sein! Muss gut und viel sprechen ..."

Rosa glättet mit der Hand das Tischtuch und schüttelt den Kopf, wobei der Haarknoten, trotz des Kamms, der ihn wie ein braunes Gebiss festhält, eigensinnig wackelt. „Vermaledeiter Stockfisch!", zischt sie. „Nicht einmal den eignen Buben willst du diese Freude machen.

EA = Einzelarbeit

Dabei habe ich schon im Konsum Nüsse, Datteln, Feigen, ein paar Apfelsinen und alles eingekauft!"
Känsterles Gemüt verdüstert sich. Er denkt an das schwere, ihm aufgezwungene Amt. Eine verstaubte Glühbirne wirft trübes Licht. Känsterle steht auf dem Dachboden; er verwandelt sich zögernd in einen Weihnachtsmann. Die Kutte, die den Hundertkilomann Weckhammer einst so prächtig gekleidet hat, ist dem gedrungenen Känsterle viel zu geräumig. Er klebt den Bart an die Ohren. Sein Blick streift die Stiefel und dabei versucht er sich an die Füße Weckhammers zu erinnern. Er zerknüllt ein paar Zeitungen und stopft sie in die harten Bottiche. Obwohl er zwei Paar grobwollene Socken anhat, findet er noch immer keinen rechten Halt. Er zieht die Kapuze über den Kopf, schwingt den vollen Sack über die Schultern und ergreift den Krummstab.
Der Abstieg beginnt. Langsam rutscht ihm die Kapuze über die Stirn und Augen; der Bart verschiebt sich nach oben und kitzelt seine Nase. Känsterle sucht mit dem linken Fuß die nächste Treppenstufe und tritt auf den Kuttensaum. Er beugt den Oberkörper vor und will den rechten Fuß vorsetzen; dabei rollt der schwere Sack von der Schulter nach vorn, Mann und Sack rumpeln in die Tiefe.
Ein dumpfer Schlag.
In Känsterles Ohren trillert's.
Ein Gipsfladen fällt von der Wand.
„Oh! Jetzt hat sicher der Nikolaus angeklopft!", tönt Rosas Stimme hinter der Tür.
Sie öffnet und sagt: „Mein Gott ... was machst du denn da am Boden? Zieh den Bart zurecht, die Kinder kommen!"
Känsterle zieht sich am Treppengeländer hoch, steht unsicher da. Dann holt er aus und versetzt Rosa eine Backpfeife. Rosa heult auf, taumelt zurück; Känsterle stampft ins Wohnzimmer, reißt Rosas Lieblingsstück, einen Porzellanpfauen, von der Kommode und schlägt ihm an der Kante den Kopf ab. Dann packt er den Geschirrschrank; er schüttelt ihn, bis die Scherben aus den Fächern hageln. Dann fliegt der Gummibaum samt Topf durch ein Fenster und ein Winterfenster, auf der Straße knallt es.
„Er schlachtet die Buben ab!", kreischt Rosa durchs Treppenhaus. Auf allen Stockwerken öffnen sich Türen. Ein wildes Gerenne nach oben. Man versammelt sich um Rosa, die verdattert an der Wand steht und in die offene Wohnung zeigt. Als Erster wagt sich Herr Hansmann in die Stube, betrachtet die Zerstörungen; ein Glitzern kommt in seine Augen und er sagt:
„Mein lieber Känsterle, ist das alles?"
Elend hockt der Weihnachtsmann im Sessel, während Paul und Konradle unter dem Sofa hervor kriechen. Ein kalter Wind zieht durch die Stube.

Rainer Brambach

(aus: Rainer Brambach, Für sechs Tassen Kaffee, © 1972 Diogenes Verlag AG Zürich)

A2 PA

Tauscht euch über eure ersten Leseeindrücke aus.
Findet gemeinsam die Kernaussage der Kurzgeschichte und notiert sie.

____

____

____

A3 EA

Lies die Kurzgeschichte ein zweites Mal und unterstreiche dabei alle Textstellen, die etwas über die Titelfigur aussagen. Notiere anschließend Stichworte dazu am Textrand. Schreibe einen Spickzettel zur Titelfigur Wallfried Känsterle.

■ Rainer Brambach

Der Autor der Kurzgeschichte „Känsterle" wurde 1917 in Basel geboren und starb dort 1983. Nach der Ausübung vieler handwerklicher Tätigkeiten, wie z. B. als Maler oder Gärtner, begann er 1959 als freier Schriftsteller zu arbeiten.

Sein mehrfach preisgekröntes Werk besteht hauptsächlich aus Gedichten und Erzählungen.

A4 PA

Beschreibe deinem Tandempartner die Figur Känsterle mit eigenen Worten. Verwende dazu die Notizen, die du gemacht hast.

A5 GA

Jedes Gruppenmitglied überträgt das hier abgebildete Schaubild auf ein DIN-A-4-Blatt. Notiert auf der Seite **Der Känsterle in der Kurzgeschichte** zu den Begriffen *äußere Merkmale, Charakter, gezeigtes Verhalten* Stichworte, die ihr im Text gefunden habt oder die ihr aus dem Inhalt erschließen könnt.

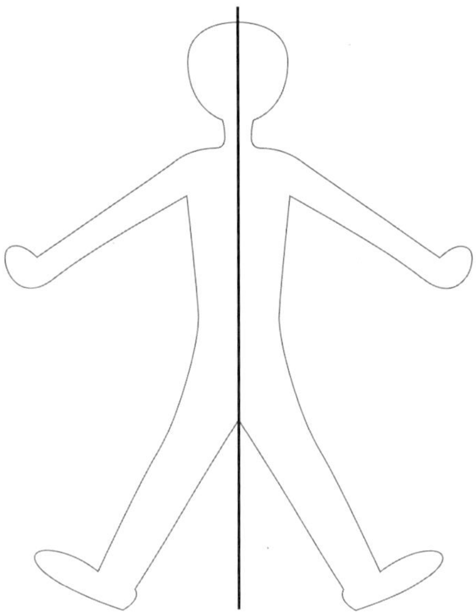

A6 GA

Übertragt nun die gefundenen Begriffe im Schaubild ins Gegenteil und notiert sie auf der Seite **Der „veränderte" Känsterle** des Schaubilds.

A7 EA

Schreibt eine Kurzgeschichte auf Basis der „umgedrehten" Eigenschaften der Figur Känsterle.

A8 PA

Lies die Kurzgeschichte deines Tandempartners.
Vergleiche die Kurzgeschichte „Känsterle" mit der Geschichte deines Tandempartners.
Wie verändert sich die Aussage des Textes? Mache dazu Notizen.

■ **Tipp**

Im Internet findest du unter dem Suchbegriff **Schreibwerkstatt** viele sinnvolle Links (www.klippert-medien.de) die dir helfen, deinen Schreibstil oder deine Ausdrucksweise zu verbessern.

EA = Einzelarbeit
PA = Partnerarbeit
GA = Gruppenarbeit
PL = Plenum

Schülerbeispiele auf Stil und Rechtschreibung korrigieren

		Zeit	Lernaktivitäten	Material	Kompetenzen
1	EA	30′	S lesen Zitate aus Klassenarbeiten anderer Schüler. S korrigieren und machen Verbesserungsvorschläge. S schreiben die korrigierten Sätze in ihr Deutschheft.	M1.A1	- Strategien zur Überprüfung der sprachlichen Richtigkeit anwenden - wichtige Grammatikregeln kennen und anwenden - Fehler in Satzstrukturen erkennen und verbessern - Umstell-, Weglass- und Erweiterungsprobe zur sprachlichen Verbesserung nutzen - Wortarten kennen und funktional gebrauchen - über Ideen und Arbeitsergebnisse informieren - Folien anschaulich gestalten - zielgerichtet arbeiten und kooperieren - eine Zusammenfassung schreiben
2	PA	10′	S tauschen sich aus, ergänzen, ändern ab.	M1.A2	
3	GA	20′	S vergleichen ihre Lösungen und einigen sich auf eine Lösung. S schreiben ihre Verbesserungsvorschläge für die Präsentation auf Folie.	M1.A3	
4	PL	20′	S präsentieren ihre Verbesserungsvorschläge, besprechen diese im Plenum.		
5	HA		S formulieren Kernaussage zur Kurzgeschichte „Happy End“ und schreiben eine kurze Inhaltsangabe.		

Erläuterungen zur Lernspirale

Ziel der Doppelstunde ist, dass die Schüler sprachliche Schwächen in Textbeispielen erkennen und verbessern können. Um dies zu erreichen, erhalten die Schüler verschiedene fehlerhafte Zitate aus Klassenarbeiten anderer Schüler. Sie korrigieren diese und formulieren sie um.

Der Zeitansatz für diese Doppelstunde ist großzügig bemessen. In leistungsstarken Lerngruppen kann die sprachliche Arbeit in einer Einzelstunde geleistet werden.

Zum Ablauf im Einzelnen:

Nachdem die Schüler im **1. Arbeitsschritt** die Zitate gelesen haben, unterstreichen sie die Fehler und verbessern diese schriftlich nach eigener Vorstellung.

Im **2. Arbeitsschritt** stellen sie ihre Ergebnisse ihrem Tischnachbarn vor und erklären, warum sie diese Lösung gewählt haben. Diese Erklärung sollte auf Grammatik- und Rechtschreibregeln basieren. Sie können außerdem ihre Sätze nochmals verbessern, falls sie dies für nötig halten.

Im **3. Arbeitsschritt** tauschen sich die Schüler noch einmal in einer Vierer-Gruppe aus. Da davon auszugehen ist, dass es unterschiedliche Lösungsmöglichkeiten gibt, sollten sich die Schüler auf eine Lösung einigen, die sie anschließend dem Plenum präsentieren.

Im **4. Arbeitsschritt** werden die Ergebnisse aus der Gruppenarbeit im Plenum besprochen. Ein bis zwei Gruppen präsentieren ihre Lösungen auf Folie. Die Gruppen, die nicht präsentieren, ergänzen oder machen weitere Vorschläge.

In der **Hausaufgabe** wiederholen die Schüler noch einmal den Inhalt der Kurzgeschichte „Happy End“, zu der sie in der nächsten Lernspirale eine Modell-Interpretation bearbeiten.

✓ Merkposten

- Folien
- Folienstifte

Notizen:

11 Beispiele sprachlich verbessern

1.
Känsterle ist ein einfacher Mann, der abends einfach nur rum sitzt.

2.
Känsterle zieht sich seine Klamotten an.

3.
Känsterle rutscht die Kaputze über den Kopf. Er siht nichts mehr.

4.
Känsterle sieht nichts, weil die Glübirne trübes Licht warf.

5.
Das Verhältnis zwischen ihnen ist auseinander gelebt.

6.
Herr Hansmann hat auch so seine Ausraster.

7.
Rosa schreit, dass er die Jungs killt.

8.
Er versucht ihr aus dem Weg zu gehen, weil sie ihn gleich anmotzt.

9.
Herr Hansmann schätzt Frau Känsterle sehr bestimmerisch ein.

10.
Känsterles Frau ist ihm auf die Nerven gegangen, wärend er vorm Fernseher gesessen ist.

11.
Känsterle zerstört die halbe Wohnungseinrichtung und Känsterle zerstört auch die Fenster.

12.
Die Kinder warfen die Arme um deren Eltern's Beine.

13.
Herr Hansmann gibt immer ganz abgenervte Antworten.

14.
Känsterle mus seinen Frust rauslassen.

15.
Känsterle gibt Rosa eine Packpfeiffe. Dann schreit sie gans fürchterlisch.

A1 EA

In den Textkästen findest du Zitate aus Klassenarbeiten. Die Sätze sind sprachlich falsch. Sie haben Rechtschreib-, Grammatik- und Ausdrucksfehler.
Lies die Zitate aus den Klassenarbeiten durch, unterstreiche die Fehler mit rotem Stift und mache Verbesserungsvorschläge für Rechtschreibung, Grammatik und Ausdruck.
Schreibe die Sätze sprachlich richtig in dein Heft.

A2 PA

Vergleiche deine Ergebnisse mit denjenigen deines Tischnachbarn; korrigiere und ergänze, falls notwendig.

A3 GA

Tauscht die korrigierten Sätze untereinander aus. Wählt Sätze aus, die ihr dem Plenum präsentieren wollt, und notiert sie auf Folie. Bereitet die Präsentation vor.

Leitfragen zur Bearbeitung der Aufgaben

Sind die Sätze grammatikalisch richtig aufgebaut?

Gibt es Rechtschreibfehler?

Verstehst du die Sätze auf Anhieb?

Wurden treffende Ausdrücke verwendet?

EA = Einzelarbeit
PA = Partnerarbeit
GA = Gruppenarbeit
PL = Plenum

Den Aufbau einer Interpretation erarbeiten

		Zeit	Lernaktivitäten	Material	Kompetenzen
1	PA	5′	S lesen HA aus LS 11 im Doppelkreis vor.		- eine Modellgliederung für eine Interpretation konzipieren - einen Text durch Gliederungsüberschriften strukturieren - Textzusammenfassung mit Hilfe einer Gliederung frei vortragen - eine Interpretation kriterienorientiert schreiben - einen komplexeren Text lesen und verstehen - sinnerfassend lesen - Redebeiträge anderer verfolgen und aufnehmen - Notizen machen - Präsentationstechniken angemessen anwenden - eine eigene Meinung begründet vertreten - Plakate anschaulich gestalten
2	EA	10′	S lesen die Modell-Interpretation, unterstreichen unbekannte Begriffe und klären sie.	M1.A1	
3	EA	15′	S erschließen sich die Modell-Interpretation und markieren zentrale Begriffe im Text. S kennzeichnen und nummerieren die Gliederungsabschnitte des Textes.	M1.A2	
4	PA	15′	S halten Partnervorträge über den Inhalt der Modell-Interpretation und vergleichen ihre Gliederungsabschnitte. Sie ordnen die Überschriften den Gliederungsabschnitten zu.	M1.A3, M2	
5	GA	20′	S entwerfen einen Vorschlag für ein sinnvolles Gliederungsmodell einer Interpretation und gestalten dazu ein Schaubild auf einem Plakat.	M1.A4–A5	
6	PL	20′	S präsentieren und diskutieren ihr Gliederungsmodell in einer Stafettenpräsentation.		
7	HA		S schreiben eine Interpretation der Kurzgeschichte „Känsterle“.	M1.A6	

Erläuterungen zur Lernspirale

Ziel der Doppelstunde ist, dass sich die Schüler anhand einer Modell-Interpretation die Bestandteile und die Gliederung einer Interpretation erschließen. Sie entwickeln selbstständig ein geeignetes Gliederungsmodell, das sie bei zukünftigen Interpretationen anwenden können.

Zum Ablauf im Einzelnen:
Die Schüler verschaffen sich im **1. Arbeitsschritt** durch Vorlesen der Hausaufgabe noch einmal kurz einen Überblick über Inhalt und Kernaussage der Kurzgeschichte „Happy End“.
Im **2. Arbeitsschritt** lesen die Schüler die vorliegende Interpretation ein erstes Mal, unterstreichen fremde, unbekannte Begriffe und klären diese mit Hilfe eines Lexikons. Sollte dies zuviel Zeit in Anspruch nehmen, kann auch der Lehrer die Fragen der Schüler beantworten.
Im **3. Arbeitsschritt** erschließen sich die Schüler die vorliegende Interpretation in mehreren Lesedurchgängen. Zuerst überfliegen sie den gesamten Text. Anschließend versuchen sie, die inhaltlichen Einzelheiten der Interpretation zu erfassen und markieren wichtige Ergebnisse und Begriffe. Schließlich markieren und nummerieren sie die Textabschnitte am Rand.

Im **4. Arbeitsschritt** bilden sich durch Abzählen Zufallstandems. Während der freien Partnervorträge über den Inhalt und die Gliederungspunkte der Interpretation bilden die Schüler einen Doppelkreis oder sitzen einander gegenüber am Tisch. Grundlage ist der bearbeitete Text. Anfang und Ende des Vortrags werden durch ein akustisches Signal angekündigt. Anschließend geben sich die Schüler ein Feedback zu ihrem Vortrag und besprechen offen gebliebene Fragen.
Für den **5. Arbeitsschritt** werden Zufallsgruppen gebildet, die sich auf ein Modell zum Aufbau einer Interpretation einigen. Basis ist die Modell-Interpretation; die Schüler sind aber prinzipiell frei in ihrer Entscheidung, wie sie eine Interpretation gliedern würden. Ihr Ergebnis halten sie auf einem Plakat als Schaubild fest.
Im **6. Arbeitsschritt** präsentieren die Schüler in einer Partnerpräsentation ihr Plakat. Die Präsentatoren werden mit Spielkarten ausgelost. Gemeinsam werden Vor- und Nachteile der vorgestellten Gliederungen besprochen. Die Lerngruppe einigt sich auf ein Modell.
In der **Hausaufgabe** interpretieren die Schüler die Kurzgeschichte „Känsterle“. Dies ist Grundlage für die folgende Doppelstunde, in der eine Schreibkonferenz durchgeführt werden soll.

✓ Merkposten
- Farbstifte
- Spielkarten als Lose
- akustisches Signal
- Lexika
- Plakatkarton

12 Der Aufbau einer Interpretation

A1 EA

Lies die Modell-Interpretation der Kurzgeschichte „Happy End". Unterstreiche dir unbekannte Begriffe und kläre sie mit Hilfe eines Lexikons oder eines Wörterbuchs.

A2 EA

Erschließe die vorliegende Modell-Interpretation der Kurzgeschichte „Happy End".
Markiere zentrale Begriffe im Text.
Achte darauf, in welche Gliederungsabschnitte die vorliegende Interpretation gegliedert ist.
Kennzeichne diese und gib ihnen eine Nummer.

„Happy End" – eine Interpretation

Die Kurzgeschichte „Happy End" von Kurt Marti handelt von alltäglichen Beziehungsproblemen eines Paares, dargestellt am Beispiel eines Kinobesuchs.
Ein Paar schaut sich im Kino gemeinsam einen Liebesfilm an. Der Mann wird ärgerlich, als die Frau am Ende des Films zu weinen beginnt. Er verlässt deshalb wütend das Kino, seine Frau folgt ihm. Als sie sich wegen ihres Verhaltens rechtfertigt, bekommt sie nur Vorwürfe von ihm zu hören.
Diese Geschichte weist die typischen Merkmale einer Kurzgeschichte auf. Der Leser erfährt nicht, was das Paar vor seinem Kinobesuch erlebt hat und weiß auch nicht, wie der Autor die Geschichte nach dem Kinobesuch fortsetzen würde. Das Thema ist alltäglich, ebenso die Sprache, was sich in der Verwendung der Schimpfwörter zeigt. Die Personen bleiben namenlos, die Allgemeingültigkeit der Problematik zeigt sich in den unpersönlichen Personalpronomen „er" und „sie". Die Geschichte selbst ist sehr kurz. Auch die Zeitdauer der Handlung ist auf wenige Minuten begrenzt.
Der Autor schreibt in der Umgangssprache, um dem Leser die Situation zu schildern. Viele negative Ausdrücke wie „Zorn" (Z. 4), „verzweifelten" (Z. 5) „Erbarmen" (Z. 5) oder „Wut" (Z. 7) machen dem Leser die unglückliche Stimmung, in der die Geschichte stattfindet, klar. Mit Begriffen wie „Klotz" (Z. 12), „Affenschande" (Z. 6) oder „Gans" (Z. 7) setzt der Autor häufig das rhetorische Mittel der Metapher ein. Die gegenseitige Abwertung der Personen wird damit bildlich dargestellt.
Der Satzbau ist einfach, die Sätze sind kurz und leicht verständlich. Einige Satzteile werden mehrmals wiederholt, damit wirken diese Textstellen besonders eindringlich.
Die Geschichte spielt nachts, am Ausgang eines Kinos, nach einer späten Filmvorstellung.
Die Atmosphäre zwischen den beiden Personen ist gereizt, beide rennen kopflos, sie keuchend, über eine Straße.
Dass zu Beginn des Textes mit dem Satz „Sie umarmen sich und alles ist wieder gut" das Ende eines Films wiedergegeben wird, ist dem Leser zunächst nicht klar. Dies wird erst im dritten Satz offensichtlich: „Das Kino ist aus." Dass die Geschichte kein Happy End hat, erfahren wir dann im letzten Satz. Die Frau empfindet ihren Mann als Klotz, den sie schweigend ertragen muss.
Im mittleren Teil der Geschichte steigert der Autor die Beschreibung der negativen Gefühle der beiden Personen, um dies den Leser intensiv miterleben zu lassen.
Der erste Satz erklärt den Titel der Kurzgeschichte und den Inhalt des Films, den das Paar gesehen hat. Es war ein trivialer Liebesfilm im Hollywood-Stil. Das Verhalten der beiden Personen steht aber im Kontrast dazu, denn die Geschichte endet mit einem Streit. Der Leser wird im Verlauf des Textes bitter enttäuscht in seiner Erwartung. Es wird das genaue Gegenteil eines Happy Ends im Text beschrieben.
Die Frau verlässt den Film, gerührt von einem ihrer Meinung nach schönen Film. Vielleicht wünscht sie sich ähnliche romantische Erlebnisse in ihrem Leben. Da sie diese jedoch als unerfüllbar ansieht, betrauert sie ihre Situation, indem sie zu weinen beginnt. Als ihr Mann sie wegen dieses Verhaltens angreift, rechtfertigt sie sich unsicher und gibt damit ihrem Mann Recht.

EA = Einzelarbeit

Nach dem Film stürmt der Mann nach draußen, ohne Rücksicht auf sie zu nehmen. Der Mann ist grob zu ihr und herrscht sie an. Ihre Leibesfülle ist ihm peinlich und auch deshalb beleidigt er sie in Gedanken. Hier zeigt sich, was er von seiner Frau, aber auch von ihren romantischen Vorstellungen einer Beziehung hält. Er hat Abstand gewonnen zu solchem „Liebesgewinsel" (Z. 10). Nun macht es ihn wütend, dass sich längst verdrängte Beziehungsprobleme wieder in den Vordergrund schieben. Indem er nach dem Film davonrennt, möchte er auch räumlichen Abstand zu den romantischen Wünschen seiner Frau und deren Gefühlsäußerungen gewinnen. Wie in einem Liebesfilm mit Happy End werden in dieser Kurzgeschichte Klischees von Mann und Frau dargestellt. Die Frau ist gefühlsbetont, darf diese Gefühle auch zeigen, indem sie weint. Außerdem wirkt die Frau schwach und abhängig von ihrem Mann. Dieser lehnt es ab, Gefühle zu zeigen. Er wird, als er mit den Emotionen seiner Frau konfrontiert wird, rasend vor Wut, weil er selbst diese in seiner Rolle als starker Mann nicht zulassen darf. In dieser Kurzgeschichte werden Beziehungsprobleme beschrieben, die daraus resultieren, dass Menschen nach traditionellen Rollenvorstellungen leben. Die Frau ist schwach und abhängig von ihrem Mann, lebt deshalb folgsam und angepasst an seine Wünsche. Der Mann ist dominant, gefühlskalt und jederzeit Herr über die Situation. Er fühlt sich seiner Frau überlegen und erwartet, dass sie sich unterordnet. Im Gegensatz dazu bemühen sich heute viele Männer, ihre Gefühle zu zeigen, und äußern Wünsche und Bedürfnisse in ihrer Partnerschaft. Sie sind sensibel und nehmen Rücksicht auf ihre Partnerin. Um die in der Kurzgeschichte dargestellten Partnerschaftsprobleme zu vermeiden, ist es wichtig, dass man sich öffnet und Probleme offen anspricht. Mir gefällt diese Kurzgeschichte gut, weil sie sehr realistisch geschildert ist. Aus Erfahrung mit Freunden und Bekannten weiß ich, dass Männer häufig Probleme haben, mit eigenen Gefühlen, aber auch mit denen ihrer Partnerin umzugehen. Dadurch kommt es immer wieder zu Streit.

A3 PA

Stellt euch den Inhalt der Interpretation gegenseitig vor. Vergleicht die Gliederungsabschnitte, die ihr gefunden habt und ordnet den Abschnitten Überschriften zu. Schreibt die Überschriften in der richtigen Reihenfolge auf ein Blatt.
Folgende Stichworte könnt ihr für die Überschriften der Gliederungsabschnitte verwenden:

Setting, Stellungnahme (Schlussbetrachtung), Deutung, Figuren, Merkmale der Kurzgeschichte, Inhaltsangabe, Kernaussage, eigene Meinung, sprachliche Gestaltung, Ver-bindung von Titel und Text, Verhältnis zwischen Anfang und Ende, Einleitung mit Nennung des Titels, des Autors und der Textsorte.

A4 GA

Welche Teile sollte jede Interpretation enthalten?
Einigt euch auf ein Modell, das sich auf die Interpretation von Kurzgeschichten übertragen lässt und entwerft dafür eine Gliederung.
Diese Gliederung kann vom Aufbau der Modell-Interpretation abweichen.

A5 GA

Erstellt ein Schaubild, auf dem die einzelnen Gliederungspunkte kurz erläutert werden.
Gestaltet dazu ein Plakat.

A6 EA

Schreibe eine Interpretation der Kurzgeschichte „Känsterle" aus der Lernspirale 10 „Eine Kurzgeschichte umschreiben".
Orientiere dich dabei an der von euch erarbeiteten Gliederung.

EA = Einzelarbeit
PA = Partnerarbeit
GA = Gruppenarbeit
PL = Plenum

Lösungsbeispiel für eine Gliederung

„Happy End“ – eine Interpretation	
Die Kurzgeschichte „Happy End“ von Kurt Marti handelt von alltäglichen Beziehungsproblemen eines Paares, dargestellt am Beispiel eines Kinobesuchs.	**Einleitung** mit Nennung des Titels, des Autors und der Textsorte
Ein Paar schaut sich im Kino gemeinsam einen Liebesfilm an. Der Mann wird ärgerlich, als die Frau am Ende des Films zu weinen beginnt. Er verlässt deshalb wütend das Kino, seine Frau folgt ihm. Als sie sich wegen ihres Verhaltens rechtfertigt, bekommt sie nur Vorwürfe von ihm zu hören.	**Inhaltsangabe/ Kernaussage**
Diese Geschichte weist die typischen Merkmale einer Kurzgeschichte auf. Der Leser erfährt nicht, was das Paar vor seinem Kinobesuch erlebt hat und weiß auch nicht, wie der Autor die Geschichte nach dem Kinobesuch fortsetzen würde. Das Thema ist alltäglich, ebenso die Sprache, was sich in der Verwendung der Schimpfwörter zeigt. Die Personen bleiben namenlos, die Allgemeingültigkeit der Problematik zeigt sich in den unpersönlichen Personalpronomen „er“ und „sie“. Die Geschichte selbst ist sehr kurz. Auch die Zeitdauer der Handlung ist auf wenige Minuten begrenzt.	**Merkmale der Kurzgeschichte**
Der Autor schreibt in der Umgangssprache, um dem Leser die Situation zu schildern. Viele negative Ausdrücke wie „Zorn“ (Z. 4), „verzweifelten“ (Z. 5) „Erbarmen“ (Z. 5) oder „Wut“ (Z. 7) machen dem Leser die unglückliche Stimmung, in der die Geschichte stattfindet, klar. Mit Begriffen wie „Klotz“ (Z. 12), „Affenschande“ (Z. 6) oder „Gans“ (Z. 7) setzt der Autor häufig das rhetorische Mittel der Metapher ein. Die gegenseitige Abwertung der Personen wird damit bildlich dargestellt. Der Satzbau ist einfach, die Sätze sind kurz und leicht verständlich. Einige Satzteile werden mehrmals wiederholt, damit wirken diese Textstellen besonders eindringlich.	**sprachliche Gestaltung**
Die Geschichte spielt nachts, am Ausgang eines Kinos, nach einer späten Filmvorstellung. Die Atmosphäre zwischen den beiden Personen ist gereizt, beide rennen kopflos, sie keuchend, über eine Straße.	**Setting**
Dass zu Beginn des Textes mit dem Satz „Sie umarmen sich und alles ist wieder gut“ das Ende eines Films wiedergegeben wird, ist dem Leser zunächst nicht klar. Dies wird erst im dritten Satz offensichtlich: „Das Kino ist aus.“ Dass die Geschichte kein Happy End hat, erfahren wir dann im letzten Satz. Die Frau empfindet ihren Mann als Klotz, den sie schweigend ertragen muss. Im mittleren Teil der Geschichte steigert der Autor die Beschreibung der negativen Gefühle der beiden Personen, um dies den Leser intensiv miterleben zu lassen.	**Verhältnis zwischen Anfang und Ende**
Der erste Satz erklärt den Titel der Kurzgeschichte und den Inhalt des Films, den das Paar gesehen hat. Es war ein trivialer Liebesfilm im Hollywood-Stil. Das Verhalten der beiden Personen steht aber im Kontrast dazu, denn die Geschichte endet mit einem Streit. Der Leser wird im Verlauf des Textes bitter enttäuscht in seiner Erwartung. Es wird das genaue Gegenteil eines Happy Ends im Text beschrieben.	**Verhältnis von Titel zu Text**
Die Frau verlässt den Film, gerührt von einem ihrer Meinung nach schönen Film. Vielleicht wünscht sie sich ähnliche romantische Erlebnisse in ihrem Leben. Da sie diese jedoch als unerfüllbar ansieht, betrauert sie ihre Situation, indem sie zu weinen beginnt. Als ihr Mann sie wegen dieses Verhaltens angreift, rechtfertigt sie sich unsicher und gibt damit ihrem Mann Recht.	**Figuren**
Nach dem Film stürmt der Mann nach draußen, ohne Rücksicht auf sie zu nehmen. Der Mann ist grob zu ihr und herrscht sie an. Ihre Leibesfülle ist ihm peinlich und auch deshalb beleidigt er sie in Gedanken. Hier zeigt sich, was er von seiner Frau, aber auch von ihren romantischen Vorstellungen einer Beziehung hält. Er hat Abstand gewonnen zu solchem „Liebesgewinsel“ (Z. 10). Nun macht es ihn wütend, dass sich längst verdrängte Beziehungsprobleme wieder in den Vordergrund schieben. Indem er nach dem Film davonrennt, möchte er auch räumlichen Abstand zu den romantischen Wünschen seiner Frau und deren Gefühlsäußerungen gewinnen.	

Wie in einem Liebesfilm mit Happy End werden in dieser Kurzgeschichte Klischees von Mann und Frau dargestellt. Die Frau ist gefühlsbetont, darf diese Gefühle auch zeigen, indem sie weint. Außerdem wirkt die Frau schwach und abhängig von ihrem Mann. Dieser lehnt es ab, Gefühle zu zeigen. Er wird, als er mit den Emotionen seiner Frau konfrontiert wird, rasend vor Wut, weil er selbst diese in seiner Rolle als starker Mann nicht zulassen darf.	
In dieser Kurzgeschichte werden Beziehungsprobleme beschrieben, die daraus resultieren, dass Menschen nach traditionellen Rollenvorstellungen leben. Die Frau ist schwach und abhängig von ihrem Mann, lebt deshalb folgsam und angepasst an seine Wünsche. Der Mann ist dominant, gefühlskalt und jederzeit Herr über die Situation. Er fühlt sich seiner Frau überlegen und erwartet, dass sie sich unterordnet.	**Deutung**
Im Gegensatz dazu bemühen sich heute viele Männer, ihre Gefühle zu zeigen, und äußern Wünsche und Bedürfnisse in ihrer Partnerschaft. Sie sind sensibel und nehmen Rücksicht auf ihre Partnerin. Um die in der Kurzgeschichte dargestellten Partnerschaftsprobleme zu vermeiden, ist es wichtig, dass man sich öffnet und Probleme offen anspricht.	**Stellungnahme (Schlussbetrachtung)**
Mir gefällt diese Kurzgeschichte gut, weil sie sehr realistisch geschildert ist. Aus Erfahrung mit Freunden und Bekannten weiß ich, dass Männer häufig Probleme damit haben mit eigenen Gefühlen, aber auch mit denen ihrer Partnerin umzugehen und dass es dadurch immer wieder Streit gibt.	**Eigene Meinung**

Eine Interpretation schreiben und korrigieren

		Zeit	Lernaktivitäten	Material	Kompetenzen
1	GA	40′	S führen in der Vierer-Gruppe eine Schreibkonferenz mit gezielten Beobachtungsaufträgen durch. Jeder Schüler der Gruppe erhält einen bestimmten Beobachtungsauftrag, unter dem er jede Interpretation liest und schriftlich beurteilt sowie ggf. Verbesserungsvorschläge macht. Beobachtungsaufträge: 1. Einleitung und Merkmale 2. Inhaltsangabe 3. Textanalyse 4. Schlussbetrachtung	M1	- eine Schreibkonferenz durchführen - Aufbau, Inhalt und Formulierungen von Texten hinsichtlich der Aufgabenstellung überprüfen - Information und Wertung in Texten unterscheiden - Kriterien der Überarbeitung kennen und nutzen - Texte inhaltlich und sprachlich überarbeiten - Notizen machen - zielgerichtet Fragen stellen
2	EA	40′	S reflektieren die Korrekturhinweise, stellen Rückfragen und überarbeiten ihre Interpretation.		

Erläuterungen zur Lernspirale

✓ **Merkposten**

- Beobachtungsaufträge (M1) je nach Klassenstärke kopieren und ausschneiden

Ziel der Doppelstunde ist, eine Interpretation in einer Schreibkonferenz anhand von Beobachtungsaufträgen zu bearbeiten, zu reflektieren und Anmerkungen dazu zu notieren.

Zum Ablauf im Einzelnen:

Diese Lernspirale besteht lediglich aus zwei Arbeitsschritten, der Schreibkonferenz und der anschließenden Überarbeitung der Interpretationen mit Hilfe der Korrekturen. Sie bietet die Möglichkeit der inneren Differenzierung, da der Lehrer die Beobachtungsaufträge je nach Schwierigkeitsgrad an die Schüler verteilen kann. Der Beobachtungsauftrag 3 ist eher für leistungsstärkere Schüler, Beobachtungsauftrag 1 auch für leistungsschwächere Schüler geeignet.

Im **1. Arbeitsschritt** führen die Schüler in Gruppen eine Schreibkonferenz durch. Der Ablauf einer Schreibkonferenz muss in ungeübten Klassen erklärt werden. Die Konferenz beginnt, indem jeder Schüler seinen Beobachtungsauftrag erhält, durchliest und inhaltlich klärt. Dann gibt er seine Interpretation der Kurzgeschichte „Känsterle" (Hausaufgabe in LS 12) an seinen Nachbarn weiter. Dieser bearbeitet die Interpretation mit Hilfe seines Beobachtungsauftrags. Auf diese Weise bearbeiten die einzelnen Gruppenmitglieder die Hausaufgaben aller Schüler ihrer Gruppe immer mit dem gleichen Beobachtungsauftrag. Die Schüler machen sich dazu Notizen auf einem Blatt, auf dem der Name des Schülers steht, dessen Interpretation sie gerade bearbeiten. Danach geben sie beide Blätter weiter. Wurden alle Beobachtungsaufträge bearbeitet, erhält jeder einzelne Schüler seine Interpretation mit den Notizen zu den Beobachtungsaufträgen zurück.

Im **2. Arbeitsschritt** lesen die Schüler die Notizen der Gruppenmitglieder. Sie haben anschließend die Möglichkeit, Rückfragen zu stellen und ihre Interpretation zu überarbeiten.

Notizen:

Beobachtungsaufträge für die Schreibkonferenz

Beobachtungsauftrag 1: Einleitung und Merkmale
- Wurden Autor, Titel, Textgattung und evt. Entstehungsjahr genannt?
- Wurde die Kernaussage des Textes deutlich und verständlich formuliert?
- Wurden die Merkmale der Kurzgeschichte erkannt und genannt?

Beobachtungsauftrag 2: Inhaltsangabe
- Wurde in der Inhaltsangabe der Text verständlich zusammengefasst?
- War die Handlungsabfolge ohne Ausschmückungen erkennbar?
- Wurde auf die Wiedergabe der wörtlichen Rede verzichtet?
- Wurde darauf geachtet, dass Kommentare und Beurteilungen des Erzählers nicht in der Inhaltsangabe wiedergegeben worden sind?

Beobachtungsauftrag 3: Textanalyse
- Wurde das Setting benannt?
- Wurden die Figuren und Figurenkonstellationen untersucht und gedeutet?
- Wurde die Funktion der Sprache untersucht und gedeutet?
- Wurde ein Zusammenhang zwischen Titel und Text hergestellt?
- Wurde Bezug genommen auf den Anfangs- und Schlussteil?

Beobachtungsauftrag 4: Schlussbetrachtung
- Rundet die Schlussbetrachtung die Textanalyse ab?
- Wird rückblickend auf die Kernaussage eingegangen?
- Ist die Stellungnahme nachvollziehbar?

Lernkontrollen

Diese Lernerfolgskontrollen basieren auf dem Text der Kurzgeschichte „Eine schöne Beziehung“ von Henning Venske und sind auf 90 Minuten angelegt.

1. Klassenarbeit: (für leistungsstarke Schüler)

Schreibe eine Interpretation der Kurzgeschichte „Eine schöne Beziehung“.

2. Klassenarbeit: (für leistungsschwächere Schüler)

Arbeitsphase 1: Einzelarbeit (30 Minuten)

1. Lies die Kurzgeschichte „Eine schöne Beziehung“ von Henning Venske und beantworte schriftlich die Leitfragen zum Text.

Leitfragen zur Analyse des Textes:

- Wie wird Grete Hehmkes Situation zu Beginn der Kurzgeschichte beschrieben?
- Welche Einstellung bringt Grete auf ihrer Reise in die Kreisstadt mit?
- Wie wird Gretes Verhalten beim Besuch des Restaurants beschrieben?
- Wie reagiert Grete auf den Farbigen auf „ihrem“ Platz, und welche Einstellung dem Farbigen gegenüber wird deutlich?
- Wie reagieren Grete und der Farbige auf ihren Irrtum?

Arbeitsphase 2: Partnerarbeit (10 Minuten)

2. Unterstreiche die Textstellen, die etwas über Grete Hehmke aussagen. Mache dir dazu stichwortartig Notizen.

Arbeitsphase 3: Partnerarbeit (10 Minuten)

3. Vergleiche deine Unterstreichungen und Randnotizen mit denen deines Partners. Entwickelt gemeinsam Ideen für einen Text über die Geschehnisse aus der Ich-Perspektive von Grete Hehmke.

Arbeitsphase 4: Einzelarbeit (40 Minuten)

4. Schreibe auf Grundlage deiner Antworten, der Notizen und Unterstreichungen einen Text, der die Geschehnisse aus der Ich-Perspektive von Grete Hehmke wiedergibt.

Brainwriting zum Begriff Kreativität durchführen

		Zeit	Lernaktivitäten	Material	Kompetenzen
1	GA	15′	In einem stummen Schreibgespräch notieren S Assoziationen zum Begriff Kreativität auf einem Plakat und kommentieren wortlos die Gedankensplitter der anderen.	M1.A1	- einen Begriff erklären - zielgerichtet arbeiten und kooperieren - freie Redebeiträge leisten - Arbeitsaufträge korrekt umsetzen - mit Hilfe von Stichwörtern Arbeitsergebnisse vortragen - aufmerksam zuhören - eine eigene Haltung entwickeln - eine eigene Haltung artikulieren und vertreten - andere Meinungen sachlich beurteilen - artikuliert und verständlich reden
2	GA	15′	S reflektieren und werten die Aufzeichnungen aus.	M1.A2	
3	GA	30′	S kreisen alle Gedankensplitter, die einem Oberbegriff zuzuordnen sind, mit der gleichen Farbe ein. S suchen einen passenden Oberbegriff und notieren diesen auf einer farbigen Karte. S schreiben die Zuordnungen ebenfalls auf Karten in der gleichen Farbe.	M1.A3	
4	PL	20′	S präsentieren in einer Stafettenpräsentation die Karten.		
5	PL	10′	S fassen die Inhalte der Übung in einer Wortkette zusammen.		
6	PA	10′	Je zwei S stellen sich gegenseitig ihre Erklärungen vor und begründen diese. S entscheiden sich für eine gemeinsame Definition, notieren diese in ihr Heft.	M1.A4	
7	EA	5′	S nehmen Einschätzungen zu Abbildungen vor und begründen diese.	M1.A5	
8	PL	10′	S vergleichen, besprechen und diskutieren Ergebnisse.		

Erläuterungen zur Lernspirale

Ziel der drei Unterrichtsstunden ist, dass die Schüler ihr persönliches Verständnis von Kreativität reflektieren. Auf diese Weise werden zurückliegende Erfahrungen mobilisiert und korrespondierende Einschätzungen transparent und diskutierbar gemacht. Dabei wird klar, dass jeder eine eigene Vorstellung von Kreativität hat und sich der Begriff nur schwer allgemeingültig eingrenzen lässt. Die Schüler sollen verstehen, dass die kreative Arbeit der Unterrichtseinheit formal und inhaltlich offen ist und nicht nach gut und schlecht bewertet werden kann.

Zum Ablauf im Einzelnen:
1. Arbeitsschritt: In einem stummen Schreibgespräch soll zum Thema Kreativität alles notiert werden, was den Schülern spontan einfällt. Jeder Schüler notiert in diesem Arbeitsschritt so viele Ideen wie möglich auf einem Plakat (Vorlage siehe Arbeitsblatt). Dabei dürfen sie nicht sprechen. Sie dürfen aber schriftlich die Notizen der anderen kommentieren. Das Schreibgespräch endet, wenn niemandem mehr etwas einfällt oder nach Ablauf der Zeit.

Im **2. Arbeitsschritt** besprechen und diskutieren die Schüler ihre Notizen.

Im **3. Arbeitsschritt** kreisen die Schüler alle Gedankensplitter, die einem Oberbegriff zuzuordnen sind, mit der gleichen Farbe ein. Sie suchen dafür einen passenden Oberbegriff und notieren diesen auf einer farbigen Karte. Die Zuordnungen schreiben sie ebenfalls auf Karten in der gleichen Farbe.

Im **4. Arbeitsschritt** präsentieren die Schüler ihre Karten in einer Stafettenpräsentation. Sie beginnen mit den Oberbegriffen.

Im **5. Arbeitsschritt** wiederholen die Schüler die Inhalte, indem sie gemeinsam eine Wortkette bilden, die sich an den Satzanfang „Kreativität ist …" anschließt. Jeder Schüler nennt eine Fortsetzung des Satzanfangs und gibt das Wort an seinen Nachbarn weiter.

Die Tandems (Tischnachbarn) einigen sich im **6. Arbeitsschritt** auf eine gemeinsame Definition für Kreativität. Sie notieren diese in ihr Heft; so kann sie im letzten Arbeitsschritt für die gemeinsame Diskussion verwendet werden.

Im **7. Arbeitsschritt** schauen sich die Schüler verschiedene Abbildungen von Werken und Tätigkeiten im Heft an, für die mehr oder weniger viel Kreativität benötigt wird. Sie ordnen diese auf einer Skala von „Man benötigt sehr viel Kreativität" bis „Man benötigt keine Kreativität" auf dem Arbeitsblatt ein.

Im **8. Arbeitsschritt** werden die Einschätzungen besprochen, ebenso die eigene Definition von Kreativität aus Arbeitsschritt 6.

✓ Merkposten
- Präsentationswände
- Plakate für stummes Schreibgespräch vorbereiten
- Moderationskarten in verschiedenen Farben
- Je einen dicken Filzstift pro Schüler

01 Kreativität bedeutet für mich …

A1 GA

Notiert in einem stummen Schreibgespräch auf dem Plakat alle Assoziationen, die euch zum Begriff Kreativität einfallen.

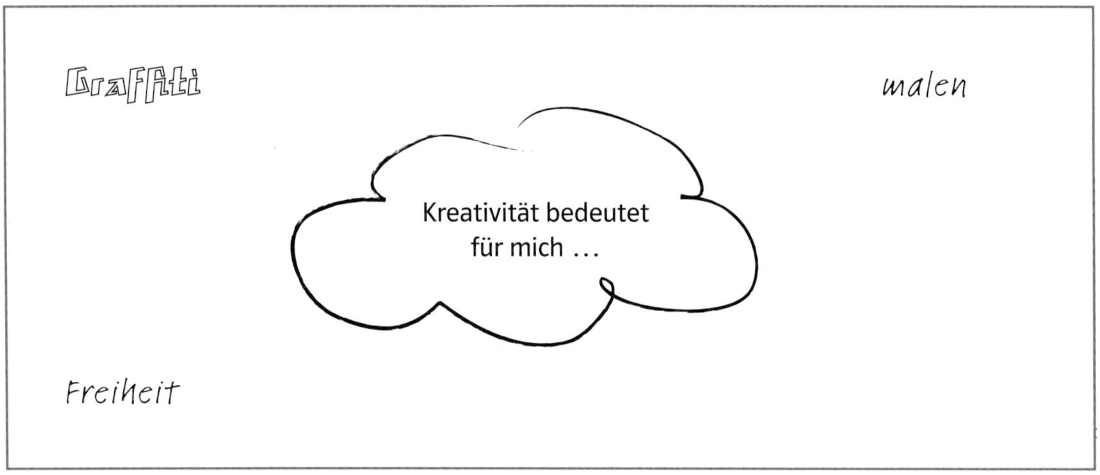

A2 GA

Lest die Gedanken und Ideen auf dem Plakatbogen. Stellt Rückfragen, wenn ihr etwas nicht verstanden habt. Diskutiert die Gedankensplitter und Kommentare.

A3 GA

Ordnet die Begriffe nach Themenschwerpunkten. Umkreist dazu Ähnliches in gleichen Farben. Einigt euch auf entsprechende Oberbegriffe.
Notiert jeweils die Oberbegriffe und die zugeordneten Begriffe auf Karten in derselben Farbe.

A4 PA

Findet eine gemeinsame Definition für den Begriff Kreativität:

Kreativität bedeutet

Assoziationen sind Gedankengänge, die du spontan mit einem Begriff oder Bild verknüpfst. Assoziationen entstehen durch Erfahrungen.

Brainwriting

Alle Teilnehmer notieren – zunächst ohne Einfluss von anderen – auf einem großen Bogen Papier zu einem Thema alles, was ihnen dazu einfällt. Die Einträge der anderen dürfen schriftlich mit Worten, Ausrufezeichen, Fragezeichen und sonstigen Symbolen kommentiert werden. Das Brainwriting endet damit, dass die Gruppe die Einträge sichtet, ordnet und präsentiert.

EA = Einzelarbeit
PA = Partnerarbeit
GA = Gruppenarbeit
PL = Plenum

A5 EA

Schau dir die Bilder an. Benötigt man für diese Tätigkeiten oder Werke viel, wenig oder keine Kreativität? Entscheide dich.
Begründe deine Entscheidung.

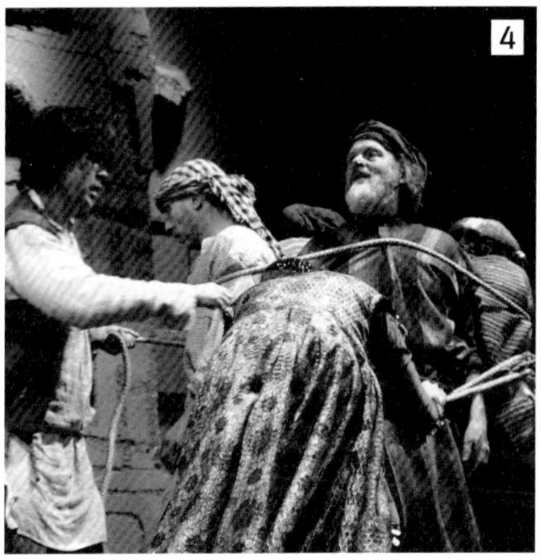

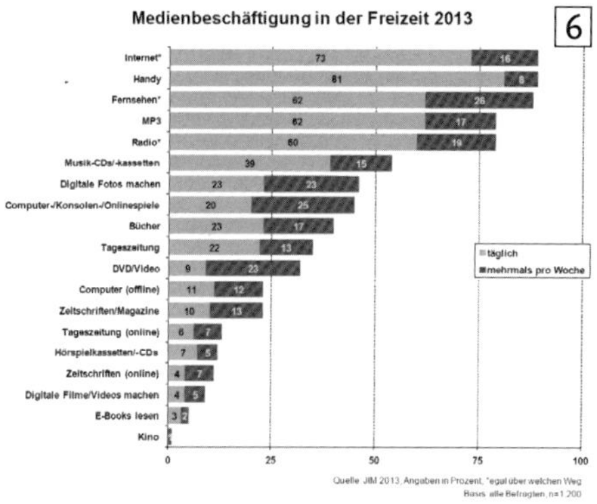

Kreuze nach deinen Vorstellungen an und notiere die Begründung:

Man benötigt … Kreativität	sehr viel	viel	wenig	keine	Begründung
Abb. 1					weil
Abb. 2					
Abb. 3					
Abb. 4					
Abb. 5					
Abb. 6					

EA = Einzelarbeit

Sandwich-Geschichten schreiben

		Zeit	Lernaktivitäten	Material	Kompetenzen
1	EA	25′	S suchen sich den Anfang einer Geschichte aus einem Ideenpool aus und verwenden diesen als ersten Satz der Geschichte. Danach ergänzen sie noch zwei bis drei Sätze. S geben den Anfang der Geschichte an Tischnachbarn weiter, lesen den Einstieg und notieren drei weitere passende Sätze dazu. Dieser Vorgang wird noch dreimal fortgeführt. S, der die Geschichte begonnen hat, schreibt nun einen passenden Schluss.	M1.A1–A3	- Weiterschreiben als kreative Schreibform nutzen - in lesbarer Handschrift schreiben - in einem der Situation entsprechenden Tempo schreiben - richtig schreiben - Text sprachlich gestalten - Texte hinsichtlich des Schreibanlasses überprüfen - Texte überarbeiten - artikuliert und verständlich reden - sich konstruktiv an einem Gespräch beteiligen
2	GA	15′	S tauschen innerhalb der Gruppe ihre Geschichten aus und kommentieren die Ergebnisse schriftlich.	M1.A4	
3	GA	10′	S besprechen die Kommentare.	M1.A5	
4	EA	15′	S überarbeiten ihre Geschichten.	M1.A6	
5	GA	20′	S führen ein Stationen-Lesen durch.	M1.A7	

Erläuterungen zur Lernspirale

✓ **Merkposten**

- akustisches Signal
- Lose

Ziel der Doppelstunde ist, durch gegenseitige Anregung Schreibideen zu entwickeln und zu erfahren, wie aus ersten Sätzen und Satzfolgen gemeinsame Geschichten entstehen. Dies geschieht, indem die Schüler zu ihren selbst erfundenen, kurzen Textabschnitten eigene Assoziationen formulieren und damit die Geschichten weiterentwickeln. Dabei gestalten sie den kreativen Schreibprozess eigenverantwortlich mit.

Zum Ablauf im Einzelnen:
Im **1. Arbeitsschritt** werden zunächst Zufallsgruppen von fünf bis sechs Schülern gebildet. Bei der Auftragsübergabe sollte der Lehrer darauf hinweisen, dass Kreativität sehr wichtig ist. Auch sonst als abwegig bezeichnete Ideen dürfen in die Geschichten eingebracht werden. Ideen hingegen, die sich der Klischees der Massenmedien bedienen, sind nicht unbedingt erwünscht. Nachdem jedes Gruppenmitglied seinen Satzanfang ausgewählt hat, überlegt sich jeder Schüler den Anfang einer Geschichte und notiert dazu drei zusammenhängende Sätze. Der Geschichtenanfang wird nach einem akustischen Signal an den Nachbarn zur Linken weitergegeben. Die Schüler lesen den Text ihres Tischnachbarn und überlegen, wie sie die Geschichte fortsetzen könnten. Sie fügen weitere drei Sätze hinzu. Nach einem weiteren akustischen Signal geben sie die Fortsetzung wieder an den Nachbarn weiter.
Dieser Vorgang wird noch zwei- bis dreimal, je nach Gruppengröße, wiederholt. Die Schüler lesen jedes Mal die Textteile und schreiben dann erst die Fortsetzung, um einen Zusammenhang herzustellen. Danach erhält jeweils der Schüler, der die Geschichte begonnen hat, die Fortsetzung zurück. Er überlegt sich einen passenden Schluss und beendet die Geschichte damit.
Im **2. Arbeitsschritt** tauschen die Schüler untereinander die Geschichten aus und lesen sie. Anschließend notieren sie dazu Bemerkungen und Änderungsvorschläge am Textrand oder unter dem Text und geben den Text an andere Schüler der Gruppe weiter. Dieser Schritt kann mehrere Male wiederholt werden. Am Ende landet der korrigierte Text wieder beim Urheber.
Im **3. Arbeitsschritt** besprechen die Schüler ihre Kommentare und tauschen Erfahrungen aus.
Die Geschichten werden im **4. Arbeitsschritt** von den Autoren anhand der Vorschläge ihrer Gruppenmitglieder überarbeitet und verbessert.
Im **5. Arbeitsschritt** findet ein Stationen-Lesen statt. Die Gruppengeschichten werden an Stationen im Raum auf Tische gelegt. Die Gruppen wandern von Station zu Station und lesen einige oder alle Geschichten, die an der Station liegen.

02 Gemeinsam Geschichten erfinden

A1 EA

Notiere ein beliebiges mehrsilbiges Wort (Beispiel: Humor).

A2 EA

Suche dir aus der Themensammlung den Satzanfang aus, der sich hinter dem ersten Vokal deines Wortes verbirgt.

A: „Solange du die Füße unter meinen Tisch stellst, …
E: „Du willst den Hund und ich führe ihn aus" …
I: „Fastfood schmeckt und macht satt, ist doch gut!" sagte Bill, …
O: Wenn es nach Papa geht, muss Oma ins Heim, …
U: Die erste Liebe ist doch immer die Schönste …
Ä: Plötzlich krachte es fürchterlich …
Ö: Er schwebte auf Wolke 7, als sie sich über ihn beugte …
Ü: Als ich Maik und Ina Hand in Hand sah, fühlte ich …

Mein Satzanfang lautet:

____

____

A3 EA

Bevor du zu schreiben beginnst, lies zuerst den Arbeitsauftrag:

Schreibe auf ein Blatt den Anfang der Sandwich-Geschichte.
Der erste Satz beginnt mit dem Satzanfang deines Themas.
Ergänze zwei bis drei weitere Sätze.
Dieses Blatt gibst du anschließend an deinen Tischnachbarn zur Linken weiter.

Lies den Textteil, den die anderen vor dir geschrieben haben, durch. Überlege, wie du die Geschichte fortsetzen könntest. Schreibe bei jedem neuen Text drei Sätze, um die Geschichte fortzuführen.

Die Geschichte, die du begonnen hast, ist wieder bei dir angekommen. Erfinde den Schluss der Sandwich-Geschichte.

Sandwich:
Dieser Begriff stammt aus dem Englischen und bezeichnet eine doppellagige Brotschnitte. Sie war die Lieblingsmahlzeit des Earls of Sandwich aus der Grafschaft Kent in England.

EA = Einzelarbeit
PA = Partnerarbeit
GA = Gruppenarbeit
PL = Plenum

A4 GA

Lasst die Geschichten untereinander kursieren, sodass jeder die Geschichte seines rechten Nachbarn erhält.
Ihr habt die Aufgabe, schriftlich Anmerkungen und Vorschläge für die anschließende Textüberarbeitung zu machen.
Dazu könnt ihr z. B. unter dem Text einen Satz notieren, der an einer bestimmten Stelle ergänzt werden könnte. Genauso sind Vorschläge zur Umformulierung von Sätzen oder Fragen an den Verfasser möglich. Auch Hilfen zum Ausdruck und Stil sind erwünscht.

„Du willst den Hund und ich führe ihn aus", sagte meine Mutter mal wieder zu mir, als ich sie flehend anblickte. Aber heute ließ sie sich davon nicht erweichen. „Er ist den ganzen Tag noch nicht draußen gewesen, er ist schon ganz nervös, also, bitte, geh jetzt mit ihm", nervte sie rum[1].

Ich überlegte, was Marie dazu sagen würde, wenn ich mit einem Hund ankommen würde. Mag sie überhaupt Hunde? Oder steht sie mehr[2] auf Katzen?

Anna[3] war total begeistert, als ich mit Urban, unserem Labrador, ankam. Sie liebt[4] ihn auf den ersten Blick, das habe ich mir auch für mich gewünscht. Jetzt habe ich wenigstens einen Grund regelmässig[5] mit dem Hund Gassi zu gehen und meine Mutter würde[6] sich freuen.

Wir gingen mit dem Hund an eine total romantische[7] Stelle am Rhein. Dort konnte der Hund baden, das machen Labradore halt[8] gerne. Währenddessen unterhielten wir uns über alles Mögliche.

1: Ausdruck, besser: bat sie mich, 2: Ausdruck, 3: falscher Name, 4: andere Zeit genommen, richtig: liebte, 5: Rechtschreibfehler: regelmäßig, 6: falscher Modus, richtig: Indikativ Futur I, 7: übertriebener Ausdruck?, 8: zu umgangssprachlich: weglassen!

A5 GA

Gebt die kommentierte Geschichte an den Autor zurück.
Tauscht euch darüber aus, lest euch die Kommentare vor, fragt nach.

A6 EA

Überarbeite deine Geschichte. Nimm die Verbesserungsvorschläge auf, die für dich nachvollziehbar sind.

A7 GA

Führt ein Stationen-Lesen durch.

EA = Einzelarbeit
PA = Partnerarbeit
GA = Gruppenarbeit
PL = Plenum

Aus einem Cluster einen Text entwickeln

		Zeit	Lernaktivitäten	Material	Kompetenzen
1	LV	5′	L erklärt mit Hilfe eines Beispiels an der Tafel, wie Cluster aufgebaut werden. S fertigen Notizzettel dazu an.	M2, M1.A1	- Verfahren zur Vorbereitung des Schreibens (Cluster) nutzen - Stoffsammlung in Form eines Clusters erstellen - Konzepte entwerfen - sprachlich gestaltend und stilistisch stimmig schreiben - sprachliche Mittel gezielt einsetzten - Notizen machen - eine eigene Haltung entwickeln - eine eigene Haltung artikulieren und vertreten - Texte sinngebend und gestaltend vorlesen
2	PA	10′	S tauschen sich über Notizen aus. S lesen und besprechen Leitfragen zur Überarbeitung kreativer Texte.	M1.A2, M3	
3	PL	5′	S erklären Cluster, stellen Fragen. L beantwortet Fragen.		
4	EA	10′	S erstellen Cluster.	M1.A3	
5	EA	15′	S schreiben einen zusammenhängenden Text.	M1.A4	
6	PA	10′	S stellen sich gegenseitig ihre Texte vor und äußern weitere Ideen dazu.	M1.A5, M3	
7	EA	20′	S schreiben endgültige Fassung des Texts.	M1.A6	
8	GA	10′	S lesen Texte vor und reflektieren sie mit Hilfe der Leitfragen. S wählen Text zum Vorlesen im Plenum aus.	M3	
9	PL	5′	S lesen ausgewählte Texte vor.		

Erläuterungen zur Lernspirale

Ziel der Doppelstunde ist es, dass die Schüler kreative Impulse in bildliches und begriffliches Denken umsetzen und dies für den Schreibprozess nutzen können. Über den Weg des Clusterns entstehen aus losen Assoziationsketten Texte.

Zum Ablauf im Einzelnen:
Im **1. Arbeitsschritt** hält der Lehrer einen Kurzvortrag über den Aufbau und das Anlegen eines Clusters. Die Schüler machen sich dazu Notizen. Wichtig ist, im Lehrervortrag darauf hinzuweisen, dass beim Clustern – anders als bei linearen Notizen – nach einer gewissen Zeit aus losen Assoziationsketten Verknüpfungen entstehen und erste Ideen für Verbindungen aufkommen. Dies ist der Übergang zum so genannten Versuchsnetz. Aus einem Clusterstrang entsteht durch einen aufblitzenden Schreibimpuls ein Text auf Probe.
Im **2. Arbeitsschritt** tauschen sich die Schüler über ihre Notizen aus, vergleichen, ergänzen und korrigieren sie, falls nötig. Da sie in der gemeinsamen Besprechung im letzten Arbeitsschritt Leitfragen beantworten sollen, ist es wichtig, dass sie diese schon jetzt kennen. Deshalb lesen sie die Fragen und machen sich mit ihnen vertraut.
Im **3. Arbeitsschritt** erklären die Schüler mit eigenen Worten das Cluster, der Lehrer beantwortet ihre Fragen dazu. Außerdem klären sie gemeinsam die Leitfragen.
Im **4. Arbeitsschritt** schreiben die Schüler ihr Cluster zu einem Begriff, den der Lehrer entweder vorgibt oder offen lässt. Langsame, beruhigende Musik im Hintergrund kann die Kreativität fördern.
Im **5. Arbeitsschritt** entwickeln die Schüler aus ihrem Cluster einen zusammenhängenden Text.
Diesen Text stellen die Schüler im **6. Arbeitsschritt** einem Tandempartner vor. Dieser kann jetzt weitere Ideen im Hinblick auf die Gestaltung des Textes äußern. Er kann Stärken und Schwächen nennen und Verständnisfragen stellen. Der zweite Schüler macht sich Notizen, auf die er im nächsten Arbeitsschritt gegebenenfalls zurückgreifen kann. Außerdem kann er jetzt schon die Leitfragen zur Gestaltung eines kreativen Textes in seinen Gedankengang einbeziehen.
Im **7. Arbeitsschritt** schreiben die Schüler den endgültigen Text und lesen ihn im **8. Arbeitsschritt** in der Gruppe vor. Für das Vorlesen gilt, dass nur der Autor selbst seinen Text vorträgt. Gemeinsam werden die vorgelesenen Texte besprochen und mit Hilfe der Leitfragen reflektiert. Schließlich wählen die Schüler einen der Texte aus, um ihn dem Plenum vorzulesen.
Dies geschieht im **9. Arbeitsschritt**. Im Anschluss an den Schülervortrag können die Leitfragen aus Arbeitsschritt 2, 6 und 8 zur Besprechung der Texte herangezogen werden.

✓ **Merkposten**
- evtl. Entspannungsmusik
- M3 in Klassenstärke kopieren

03 Gedankenwolken

A1 EA

Fertige Notizen zum Lehrervortrag über die Kreativitätstechnik des Clusters an.

Cluster-Methode
Das Cluster-Verfahren ist eine Methode des kreativen Schreibens. Dabei werden Assoziationsketten notiert, die von einem zentralen Begriff ausgehen.
Die grafische Anordnung eines Clusters, auch Ideennetz genannt, hilft beim Sammeln und Verknüpfen von Ideen.

A2 PA

Tausche dich mit deinem Nachbarn über deine Notizen aus. Ergänze, korrigiere, stelle Fragen oder beantworte sie.

A3 EA

Gestalte nun ein Ideennetz zu einem der Begriffe im Kasten. Du kannst auch ein eigenes Thema frei wählen.

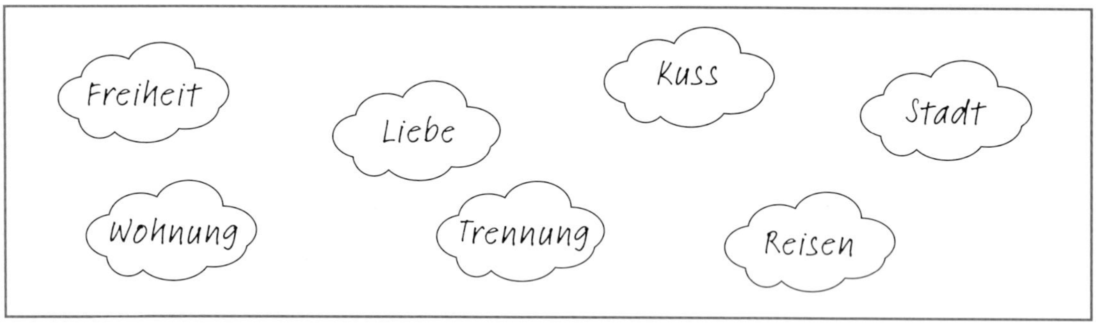

A4 EA

Schreibe zu deinen Assoziationen einen zusammenhängenden Text. Gib ihm einen Titel.

A5 PA

Lies deinen Text einem Partner vor. Dieser ergänzt weitere Ideen und gibt Tipps zur Überarbeitung. Danach findet ein Wechsel statt.

A6 EA

Mache dir Notizen zu den Vorschlägen deines Partners.
Wie kannst du die Ideen in deinen Text einarbeiten?
Schreibe die endgültige Fassung deines Textes.

EA = Einzelarbeit
PA = Partnerarbeit
GA = Gruppenarbeit
PL = Plenum

Lehrervortrag zu den Grundregeln des Clusterns

Das Clustern ist ein spezielles Brainstorming-Verfahren, das beim kreativen Schreiben angewendet wird. Beim Assoziieren kommen unvermittelt Gedankengänge auf, die du spontan mit einem Begriff oder Bild verknüpfst. So entstehen kreative Impulse aus dem Zusammenwirken von bildlichem und begrifflichem Denken, die dann in ein Cluster umgesetzt werden.
Das Cluster beginnt mit dem Cluster-Kern. Ein einzelnes Wort wird in die Mitte eines Blattes geschrieben und ein Kreis um diesen Anfang gezogen.
Vom Kern ausgehend werden nun Assoziationen notiert. Jede Assoziation wird wieder umkreist und mit der vorangehenden Assoziation durch einen Strich verbunden.
Eine neue Assoziationskette setzt wieder beim Cluster-Kern an.
Jeder Gedankengang wird notiert. Die eigenen Gedanken werden nicht zensiert.

Beispiel für ein Cluster zum Thema „Reisen“:

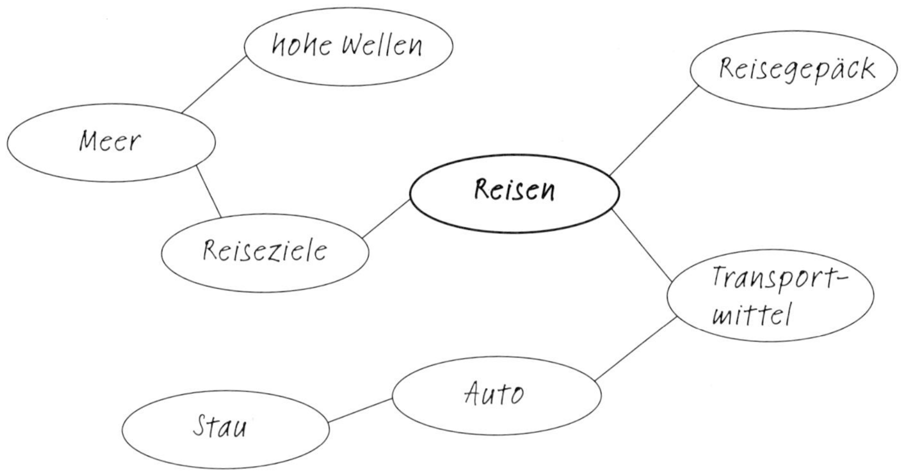

Leitfragen zur Überarbeitung kreativer Texte

LS 03.M3

Leitfrage	Bemerkungen
Welchen Eindruck hinterlässt die Geschichte?	
Sind die Ausführungen nachvollziehbar?	
Sind treffende, sinnvolle Beschreibungen für Gegenstände, Lebewesen, Gefühle, Stimmungen etc. gewählt worden, und welche sind dies?	
Sind sie in sinnvolle Zusammenhänge gesetzt worden?	
Wie sind Übergänge in der Geschichte geschaffen worden, und welche sind es?	
Warum wurde dieser Titel gewählt?	
An welcher Stelle im Text wurde darauf hingewiesen?	

Eine Hörgeschichte schreiben

		Zeit	Lernaktivitäten	Material	Kompetenzen
Vorbereitungsphase:					- aktiv zuhören - eine Stoffsammlung erstellen - eine Stoffsammlung ordnen - treffende Begriffe finden - Texte inhaltlich und sprachlich überprüfen und überarbeiten - mit Hilfe von Stichwörtern Arbeitsergebnisse vortragen - Textbeschaffenheit reflektieren und beurteilen - eine eigene Haltung artikulieren und vertreten
1	EA	45′	S gehen mit dem Lehrer an einen Ort außerhalb der Schule und hören mit geschlossenen Augen den Umgebungsgeräuschen zu. Sie notieren auf einem Blatt Umgebungsgeräusche.	M1.A1–A2	
Durchführungsphase:					
2	PL	10′	S lesen und besprechen Kriterien zur Bewertung der Hörgeschichte.	M1	
3	EA	15′	S verdichten ihre Notizen.	M1.A3	
4	PA	10′	S stellen sich gegenseitig verdichtete Notizen vor.	M1.A4	
5	EA	20′	S schreiben Hörgeschichte.	M1.A5	
6	PA	10′	S lesen sich abwechselnd ihre Hörgeschichten vor und kommentieren diese.	M1.A6	
7	PL	10′	S lesen Hörgeschichte vor und kommentieren sie.		

Erläuterungen zur Lernspirale

✓ Merkposten

- Unterrichtsgang beantragen
- Notizblöcke und Stifte mitnehmen
- akustisches Signal

Ziel der drei Stunden ist es, mit geschlossenen Augen Gehörtes in Worte zu fassen, treffend zu beschreiben und daraus eine Geschichte zu gestalten. Für die Schüler ist dies eine Wahrnehmungsübung. Durch das Schließen der Augen verschärft sich der Hörsinn. Dadurch wird das Erleben der Umwelt intensiviert und die Kreativität der Schüler gefördert.

Zum Ablauf im Einzelnen:
Diese Unterrichtseinheit findet in zwei Phasen statt. Es ist sinnvoll, für die erste Phase des Unterrichtsgangs eine Einzelstunde zu reservieren, da mit der Klasse ein anderer Ort aufgesucht werden sollte und der Arbeitsauftrag vorab geklärt werden muss. Ist dies nicht möglich, sollte sich der Lehrer einmal vorab im Schulgebäude oder -hof umgehört haben, um herauszufinden, ob dort ebenfalls interessante Geräusche zu hören sind, aus denen die Schüler Texte gestalten können. Wichtig ist auch, dass dieser Platz eine größere Zahl von Menschen aufnehmen kann, ohne dass diese gefährdet werden oder andere gefährden.
Für den **1. Arbeitsschritt** gehen die Schüler an den ausgesuchten Ort, an dem sie mit geschlossenen Augen den Umgebungsgeräuschen lauschen können. Wenn möglich, sollten sich die Schüler an Ort und Stelle Notizen zum Gehörten machen. Je genauer sie die Geräusche beschreiben, desto einfacher wird es später sein, eine Geschichte daraus zu gestalten.

Im **2. Arbeitsschritt** lesen sich die Schüler zuerst die Kriterien zur Bewertung einer Hörgeschichte auf dem Arbeitsblatt durch, besprechen diese und stellen Fragen dazu.
Im **3. Arbeitsschritt** verdichten die Schüler ihre Notizen. Das bedeutet, beispielsweise Wiederholungen oder Ähnlichkeiten zu streichen, Notizen zusammenzufassen oder auch Teile davon zu verwerfen.
Im **4. Arbeitsschritt** stellt jeder Schüler seinem Tandempartner die verdichteten Notizen vor. Er erklärt, warum er diese Notizen für seinen Text weiter verwenden will und welche Absichten er damit verbindet. Sein Tandempartner kann dazu Stellung nehmen, muss es aber nicht.
Aus den Notizen des vorangegangenen Arbeitsschrittes gestalten die Schüler im **5. Arbeitsschritt** ihre Hörgeschichte. Wichtig ist, dass sie die Kriterien zur Bewertung der Hörgeschichte dabei miteinbinden.
Im **6. Arbeitsschritt** liest jeder Schüler seinem Tandempartner seine Hörgeschichte vor. Auf der Grundlage von Notizen erhält er ein Feedback.
Im **7. Arbeitsschritt** findet eine Hyde-Parc-Corner-Präsentation statt. Das heißt, die Schüler versammeln sich, ähnlich einer Marktplatz-Situation, mitten im Klassenraum. Stühle und Tische sind beiseite geräumt, nur ein Stuhl bleibt vor der Tafel stehen. Nach einem Signalton stellt sich ein Schüler spontan auf den Stuhl und liest seine Geschichte vor.

04 Ich höre und schreibe!

A1 EA

Schließe die Augen und höre den Umgebungsgeräuschen zu.

A2 EA

Notiere alle Geräusche, die du gehört hast, mit möglichst treffenden Begriffen auf einem Blatt.

A3 EA

Verdichte deine Notizen. Das heißt, du streichst manche Begriffe durch, z. B. Doppelungen oder unpassende Begriffe, fasst einige Notizen zusammen oder verwirfst Teile davon ganz.
Lies die Kriterien zur Bewertung einer Hörgeschichte in der Randspalte.

A4 PA

Stelle deine verdichteten Notizen deinem Tandempartner vor. Erkläre ihm, welche Absicht dein Text haben soll.

A5 EA

Schreibe mit Hilfe deiner Notizen eine Hörgeschichte. Finde möglichst treffende Beschreibungen für das Gehörte und einen passenden Titel für deine Geschichte. Beachte dabei die Kriterien zur Bewertung einer Hörgeschichte.

Eine Hörgeschichte wird besonders lebendig, wenn du möglichst treffende Beschreibungen für das Gehörte findest und nicht zu viele Hilfsverben verwendest.

A6 PA

Lest euch abwechselnd eure Geschichten vor. Notiert beim Zuhören, was euch an der Geschichte gefällt und was noch verbessert werden könnte.
Gebt euch anschließend mit Hilfe der Notizen ein Feedback.

Mir gefällt ______________________

____

____

____

Das könnte noch verbessert werden ______________________

____

____

____

■ Kriterien zur Bewertung einer Hörgeschichte

Werden treffende, bildliche Begriffe für die Geräusche gefunden?

Wird das Gehörte in einen sinnvollen Gesamtzusammenhang gesetzt?

Werden vielfältige sprachliche Mittel genutzt?

Ist die Überschrift passend?

EA = Einzelarbeit
PA = Partnerarbeit
GA = Gruppenarbeit
PL = Plenum

Ein Vokalgedicht schreiben

		Zeit	Lernaktivitäten	Material	Kompetenzen
1	EA	5′	S lesen Gedichte.	M1.A1	- Vokalgedicht schreiben - Gestaltungsmittel gezielt einsetzen - Texte kreativ gestalten - mit anderen in einer Gruppe zusammenarbeiten - ein Gedicht wirkungsvoll vortragen - gesprochene Texte anderer verfolgen und beurteilen - ein qualifiziertes Feedback geben - den Wortschatz verbessern
2	PL	5′	S äußern sich in einem „Blitzlicht" über die Besonderheiten der Gedichte.		
3	EA	10′	S sammeln Wörter mit nur einem Vokal und notieren diese.	M1.A2	
4	GA	20′	S erstellen einen Pool an Wörtern mit nur einem Vokal und tragen diese in eine Wortartenliste ein.	M1.A3, M2	
5	EA	25′	S verfassen ein Gedicht mit nur einem Vokal.	M1.A4	
6	GA	10′	S lesen Gedichte der Teammitglieder und geben Feedback.	M1.A5	
7	PL	10′	S lesen ausgewählte Gedichte vor und geben Feedback.		
8	HA		S schreiben ein Gedicht mit einem anderem Vokal.		

Erläuterungen zur Lernspirale

✓ **Merkposten**

- Kopien der Wortartenliste in Gruppenstärke
- Lose
- evtl. Moderationskarte mit der Überschrift „Fragespeicher"

Ziel der Doppelstunde ist, dass die Schüler die Besonderheiten der vorgestellten Gedichte erkennen und nachvollziehen können. Die Schüler werden feststellen, dass sie mit Hilfe eines festgelegten, formalen Merkmals selbst Lyrik produzieren können.

Zum Ablauf im Einzelnen:

Im **1. Arbeitsschritt** lesen die Schüler zwei Gedichte. Diese Gedichte weisen die Besonderheit auf, dass alle Wörter denselben Vokal haben.

Im Blitzlicht des **2. Arbeitsschritts** sollten die Schüler genau dieses Merkmal feststellen. Außerdem werden eventuell Verständnisschwierigkeiten geäußert. Da der Schwerpunkt der Unterrichtsstunden aber auf der Gestaltung eines eigenen Gedichts liegt, ist dies nicht problematisch und könnte gegebenenfalls vom Lehrer geklärt werden. Eine Möglichkeit für den Lehrer wäre auch, einen so genannten Fragespeicher anzulegen, in dem die Schüler nicht geklärte Fragen ablegen können, die dann zu einem späteren Zeitpunkt beantwortet werden.

Im **3. Arbeitsschritt** wird jedem Schüler ein Vokal zugelost. Sie zählen bis 5, dabei entspricht die Zahl 1 dem Buchstaben A, 2 entspricht E, 3 entspricht I, 4 entspricht O und 5 dann U. Danach sammeln die Schüler, nach dem Vorbild der abgedruckten Gedichte, Wörter, die nur diesen einen Vokal enthalten.

Im **4. Arbeitsschritt** treffen sich alle Schüler, die den gleichen Buchstaben zugelost bekamen, in einer Gruppe und tauschen ihre Wörter aus. So entsteht ein Pool von Wörtern mit nur einem Vokal und das Angebot vergrößert sich. Danach erstellen die Schüler eine Liste der Wortarten und tragen alle gefundenen Worte dort ein. Die Liste muss nicht vollständig ausgefüllt werden, soll aber genügend Platz für alle Einfälle haben.

Im **5. Arbeitsschritt** verfassen die Schüler mit den Wörtern aus dem selbst erstellten Pool ihre eigenen Vokalgedichte.

Der **6. Arbeitsschritt** dient dazu, die Gedichte in der Gruppe auszutauschen und zu lesen. Anschließend geben die Schüler ein Feedback zu jedem Gedicht, kommentieren es und machen Änderungsvorschläge.

Das Los entscheidet, welches Gedicht im **7. Arbeitsschritt** vorgelesen werden soll. Es sollte mindestens eines pro Vokal sein.

Notizen:

05 Mit Vokalen spielen

Zwei Vokalgedichte:

Hanna

Hanna tat was.
Rat war klar.
Clara sprach Anna an.
Clara war da.

Rat sprach Clara.
Hanna nahm an.
Hanna sah klar.
Ralf: Ah, aha!

Lag Ralf an Hanna?
Klar, Hanna lag an Ralf!
Hanna sprach, da!

Clara sagt: Rat war da!
Was macht man da?
Na, klar!

Paula Frosch

ottos mops

ottos mops trotzt
otto: fort mops fort
ottos mops hopst fort
otto: soso

otto holt koks
otto holt obst
otto horcht
otto: mops mops
otto hofft

ottos mops klopft
otto: komm mops komm
ottos mops kommt
ottos mops kotzt
otto: ogottogott

ernst jandl

(Ernst Jandl, Werke in 6 Bänden (Neuausgabe), hrsg. von Klaus Siblewski, © 2016 Luchterhand Literaturverlag, München, in der Verlagsgruppe Random House GmbH)

A1 EA

Lies die beiden Gedichte und notiere, was dir spontan auffällt.

A2 EA

Du bekommst einen Vokal zugelost. Notiere auf einem Blatt so viele Wörter, die nur diesen Vokal enthalten, wie du finden kannst.

Zahl	Vokal	Beispiel
1	a	Tarzan
2	e	gehen
3	i	Iris
4	o	groß
5	u	Uhu

A3 GA

Tausche dich mit deinen Gruppenmitgliedern über deine Wörter aus. Ergänze die Begriffe, die du noch nicht gefunden hast. Tragt anschließend eure Begriffe in die Wortartenliste ein.

A4 EA

Verfasse ein Vokalgedicht mit Hilfe deiner Wörtersammlung.

A5 GA

Lest die Gedichte eurer Gruppenmitglieder und gebt den Autoren ein Feedback. Korrigiert eure eigenen Gedichte nach Bedarf.

Vokalgedichte

Man sammelt alle Wörter, die nur einen bestimmten Vokal enthalten, in einer Wortartenliste. Daraus gestaltet man ein Gedicht.

EA = Einzelarbeit
PA = Partnerarbeit
GA = Gruppenarbeit
PL = Plenum

Liste der Wortarten für Wörter mit dem Vokal _______________

Nomen	**Verben**	**Adjektive**	**Adverbien**	**Pronomen**	**Sonstige**

Methode des automatischen Schreibens durchführen

		Zeit	Lernaktivitäten	Material	Kompetenzen
1	EA	5′	S erschließen sich die Technik des automatischen Schreibens mit Hilfe des Textes und fassen den Text mit eigenen Worten zusammen.	M1.A1	- kreativ zu Gedanken schreiben - persönliche Gefühle zum Ausdruck bringen - einen Text wirkungsvoll gestalten - aufmerksam zuhören - treffende Begriffe finden - Texte inhaltlich und sprachlich überprüfen und überarbeiten - Textbeschaffenheit reflektieren und beurteilen - eine eigene Haltung artikulieren und vertreten - Texte sinnvoll markieren
2	PA	5′	S erklären sich anhand ihrer Zusammenfassung die Schreibtechnik.	M1.A2	
3	EA	10′	S führen das automatische Schreiben durch.	M1.A3	
4	EA	20′	S schreiben eine Rohfassung.	M1.A4	
5	EA	10′	S überarbeiten den Text.	M1.A5	
6	PA	15′	S lesen die Rohfassung des Tandempartners und geben diesem Feedback.	M1.A6	
7	EA	15′	S schreiben Endfassung.	M1.A7	
8	PA	5′	S tauschen Geschichten mit selbst gewähltem Partner aus und lesen die Geschichten.		

Erläuterungen zur Lernspirale

Ziel der Doppelstunde ist es, durch die Konzentration auf innere Empfindungen die eigene kontrollierende Vernunft auszuschalten und automatisch Notizen zu machen. Daraus wird im Anschluss ein Text verfasst. Wichtig ist absolute Ruhe beim Schreiben, sodass nicht das Bewusstsein kontrollierend die Oberhand gewinnt. Haben die Schüler das Gefühl, dass alles gesagt bzw. geschrieben ist, beenden sie selbstständig den Schreibvorgang.

Zum Ablauf im Einzelnen:
Im **1. Arbeitsschritt** erschließen sich die Schüler die Vorgehensweise beim automatischen Schreiben mit Hilfe eines Textes.
Im **2. Arbeitsschritt** erklären sich die Schüler gegenseitig im Tandem die Vorgehensweise. Die Schüler besprechen miteinander, ob sie alles verstanden haben und notieren sich gegebenenfalls Fragen, die sie im Plenum stellen können.
Nachdem die Fragen der Schüler zur Arbeitsmethode geklärt wurden, beginnt im **3. Arbeitsschritt** das automatische Schreiben. Wichtige Voraussetzung für das Gelingen dieser Übung ist, dass die Schüler sich auf sich selbst und ihre momentan auftauchenden, innersten Empfindungen konzentrieren können.
Im **4. Arbeitsschritt** erstellen die Schüler die Rohfassung ihres Textes.
Im **5. Arbeitsschritt** überarbeiten die Schüler ihren Text und achten diesmal im Gegensatz zum automatischen Schreiben auf Rechtschreibung, Grammatik, Satzbau und Stil. Allerdings gibt es auch hier keine starren Vorgaben, da sich Kreativität zum Beispiel auch in einer abgeänderten Schreibweise, Grammatik etc. äußern kann und somit eine Frage des persönlichen Stils ist.
Im **6. Arbeitsschritt** tauschen die Schüler die Rohfassung ihres Textes mit einem Tandempartner aus. Sie bearbeiten den fremden Text mit zwei verschiedenfarbigen Filzstiften, im Idealfall rot und grün. Rot wird unterstrichen, was eher nicht gefällt, grün, was besonders gut gefällt. Der unterstrichene Text wird zurückgegeben und kommentiert.
Im **7. Arbeitsschritt** schreiben die Schüler die Endfassung ihres Textes. Außerdem finden sie eine passende Überschrift.
Im **8. Arbeitsschritt** tauschen die Schüler ihre Texte mit einem von ihnen selbst ausgewählten Partner aus. Da das automatische Schreiben etwas sehr Persönliches ist, bei dem Unbewusstes ins Bewusstsein getreten ist, sollte kein Schüler gezwungen werden, seinen Text einem anderen zum Lesen zu geben.

✓ **Merkposten**

- Filzstifte in Rot und Grün

Notizen:

06 Automatisch schreiben

A1 EA

Erschließe die Methode des automatischen Schreibens mit Hilfe des Textes.
Markiere Schlüsselbegriffe und notiere die wichtigsten Aussagen des Textes am Rand.

Das automatische Schreiben

Das automatische Schreiben ist eine Methode des Schreibens, bei der Bilder, Gefühle und Ausdrücke durch Blicke in die eigene Gedankenwelt ohne Bewertung wiedergegeben werden.
Es dürfen sowohl Sätze, Satzstücke, Wortketten als auch einzelne Wörter geschrieben werden. Auf die Regeln der Orthografie, Grammatik oder Interpunktion muss keine Rücksicht genommen werden, Fehler sind erlaubt.
Diese Methode wird auch verwendet, um den Schreibstart zu erleichtern.
Das heißt, man setzt sich an einen Tisch, auf dem ein Blatt Papier liegt. Man schließt für einen Moment die Augen, entspannt sich und konzentriert sich nur auf die aufsteigenden Empfindungen, Bilder, Gedanken. Es entsteht eine Art Film im Kopf.
Diesen „Film" notiert man im Moment des Erscheinens auf das Blatt, ohne darüber nachzudenken, ohne etwas gleich wieder zu verwerfen. Es ist fast wie ein Schreiben im Halbschlaf.

A2 PA

Erkläre deinem Tandempartner die Methode des automatischen Schreibens mit eigenen Worten.

A3 EA

Führe die Methode des automatischen Schreibens durch. Notiere deine spontanen Ideen, Gedanken und Gefühle; lasse dabei alle deine Sinne sprechen und gib deiner Fantasie freien Raum.

A4 EA

Schreibe eine Rohfassung deines Textes.

A5 EA

Überarbeite deinen Text. Achte jetzt wieder auf Rechtschreibung, Grammatik, Satzbau und Stil, ebenso auf die Nachvollziehbarkeit deiner Ausführungen. Setze bewusst verschiedene sprachliche Mittel ein, zum Beispiel Wortwiederholungen, Auslassungen, Fragen, bildhafte Ausdrücke.

A6 PA

Lies den überarbeiteten Text deines Tandempartners. Unterstreiche Textstellen, die dir besonders gut gefallen, mit grünem Stift. Verwende einen roten Stift für Stellen, die dir nicht so gut gefallen. Begründe deinem Tandempartner gegenüber deine Unterstreichungen.

A7 EA

Schreibe die Endfassung deines Textes.

EA = Einzelarbeit
PA = Partnerarbeit
GA = Gruppenarbeit
PL = Plenum

Möglichkeiten des kreativen Schreibens erproben

		Zeit	Lernaktivitäten	Material	Kompetenzen
1	PA	15′	S wiederholen die bekannten Methoden des kreativen Schreibens und fassen die Vorgehensweisen kurz in Stichworten zusammen.	LS 02–06 M1.A1	- verschiedene Methoden des kreativen Schreibens anwenden - sich ein Schreibziel setzen - Konzepte entwerfen - sprachlich gestaltend und stilistisch stimmig schreiben - sprachliche Mittel gezielt einsetzen - einen Text wirkungsvoll gestalten - aufmerksam zuhören - treffende Begriffe finden - Strategien zur Überarbeitung von Texten anwenden - Textbeschaffenheit reflektieren und beurteilen - eine eigene Haltung artikulieren und vertreten - Notizen machen
2	EA	5′	S entscheiden sich für eine der Methoden.	M1.A2	
3	GA	10′	S arbeiten in Neigungsgruppen. S rufen sich die Abläufe der ausgewählten Methode in Erinnerung und klären die Vorgehensweise ab. S wählen ein Thema aus.	M1.A3	
4	GA	10′	S führen erste Schritte ihrer Methode durch. S sammeln Ideen für ihre Texte.	M1.A4	
5	EA	30′	S schreiben eine Rohfassung.	M1.A5	
6	PA	20′	S lesen die Rohfassung des Tandempartners, reflektieren den Text mit Hilfe der Leitfragen.	M1.A6, LS 03.M3	
7	EA	20′	S schreiben die endgültige Fassung des Textes.	M1.A7	
8	PA	20′	S gestalten aus ihren Texten eine Wandzeitung. S lesen die Texte der Wandzeitung.		

Erläuterungen zur Lernspirale

Ziel der drei Stunden ist, dass die Schüler die in dieser Lerneinheit vorgestellten Methoden des kreativen Schreibens reflektieren, eine Vorgehensweise auswählen und anhand eines Themas anwenden. In dieser Lernspirale wird der Prozess des kreativen Schreibens zum Teil als kollektiver Prozess durchgeführt. Besonders, wenn es in der vorbereitenden Phase um das Sammeln von Ideen geht, ist dies hilfreich. Das Festhalten von Formulierungen wird dann wieder Sache des Einzelnen.

Zum Ablauf im Einzelnen:

Im **1. Arbeitsschritt** rufen sich die Schüler die Vorgehensweise der verschiedenen Methoden des kreativen Schreibens in Erinnerung, indem sie ihre Arbeitsblätter noch einmal durchgehen und sich Notizen machen.

Im **2. Arbeitsschritt** entscheiden sich die Schüler für eine der Methoden.

Im **3. Arbeitsschritt** bilden sich Arbeitsgruppen, in denen diejenigen Schüler, die die gleiche Methode des kreativen Schreibens gewählt haben, zusammenarbeiten. Die Schüler rufen sich gemeinsam die Vorgehensweise in Erinnerung und erklären sie sich gegenseitig. Dann wählen sie aus den vorgegebenen Themen ein Thema aus, das sie bearbeiten wollen. Sollten die Schüler ein anderes Thema vorschlagen, ist dies auch möglich.

Im **4. Arbeitsschritt** wenden die Schüler die ersten Schritte ihrer Methode an. Mit Hilfe verschiedener Kreativitätstechniken sammeln sie Ideen, die sie anschließend in einen Text umwandeln.

Im **5. Arbeitsschritt** erstellen die Schüler die Rohfassung ihres Textes.

Im **6. Arbeitsschritt** tauschen die Schüler die Rohfassung ihres Textes mit einem Tandempartner aus. Sie korrigieren den Text mit Hilfe der Leitfragen zur Überarbeitung kreativer Texte aus LS 03.M3.

Im **7. Arbeitsschritt** schreiben die Schüler die Endfassung ihres Textes und finden eine passende Überschrift.

Im **8. Arbeitsschritt** gestalten die Schüler eine Wandzeitung mit ihren Texten und lesen sie im Anschluss.

✓ **Merkposten**

- Plakatkarton für die Wandzeitung

07 Verschiedene Methoden erproben

A1 PA

Welche Methoden des kreativen Schreibens habt ihr bisher kennengelernt?
Wiederholt mit Hilfe eurer Arbeitsblätter die Arbeitsschritte der verschiedenen Methoden und macht zu den unterschiedlichen Vorgehensweisen Notizen in euer Heft.

A2 EA

Welche der Methoden des kreativen Schreibens möchtest du erproben?
Entscheide dich für eine.

Ich erprobe die Methode: ______________________________

A3 GA

Klärt miteinander die Methode des kreativen Schreibens, die ihr erproben wollt.
Wählt ein Thema aus.

Mögliche Themen:

Schule

Liebe

Urlaubs-
bekanntschaft

Freundschaft

Trennung

Glück

Risiko

A4 GA

Sammelt Ideen für eure Geschichten.
Wendet die weiteren Schritte eurer Methode des kreativen Schreibens an.

A5 EA

Schreibe eine Rohfassung deines Textes.

A6 PA

Lies den Textentwurf deines Tandempartners. Beurteile den Text anhand der Kriterien, die du von deinem Lehrer erhältst.

A7 EA

Überarbeite deinen Text und schreibe die endgültige Fassung.

EA = Einzelarbeit
PA = Partnerarbeit
GA = Gruppenarbeit
PL = Plenum

Blitzlicht (auch Blitz- oder Blitzlichtrunde): Die Schüler äußern sich in Kurzform zu einem bestimmten Thema/Reizwort/Problem. Sie äußern Assoziationen oder bringen Erfahrungen, Meinungen bzw. Vorwissen ein. Die Äußerungen sind knapp, spontan und werden nicht weiter kommentiert.

Brainstorming: Das Brainstorming ist mit dem Blitzlicht verwandt und meint die unzensierte und unkommentierte Sammlung von Ideen und/oder Problemlösungsvorschlägen. Der Gedanken- oder Ideensturm soll Schüler aktivieren und Kreativität freisetzen helfen.

Cluster/Clustering: Begriffe werden auf Kärtchen geschrieben und an der Pinnwand/Tafel so geordnet bzw. verknüpft, dass sich Begriffsgruppen ergeben (= Cluster).

Doppelkreis (auch Kugellager): Die Schüler sitzen oder stehen sich in einem Innen- und Außenkreis paarweise gegenüber und halten sich wechselseitig Vorträge, führen Interviews etc. Die Hälfte der Klasse ist also mündlich aktiv.

Feedback: Die Schüler geben Mitschülern oder auch Lehrern Rückmeldungen zu bestimmten Arbeitsphasen bzw. Arbeitsweisen. Das Feedback folgt bestimmten Regeln und sollte auf jeden Fall fair und ermutigend sein.

Fishbowl: Ein Teil der Klasse sitzt in einer Art „Aquarium" im Zentrum des Klassenraumes und diskutiert stellvertretend für die Gesamtklasse ein bestimmtes Thema. Die übrigen Schüler sind Zuschauer und Beobachter und können sich ggf. kurzzeitig auf einen freien Stuhl im „Aquarium" begeben, um einen eigenen Beitrag einzubringen.

Schneeballmethode (Snowball activity): Gestuftes Brainstormingverfahren, bei dem zunächst in Einzelarbeit, dann in Tandems und schließlich in Gruppen unterschiedlich viele Ideen/Begriffe etc. eingegrenzt und ggf. auf Kärtchen geschrieben und im Plenum präsentiert werden. Die Schneeballmethode unterstützt Meinungsbildungs-, Entscheidungs- und Problemlösungsprozesse.

Stafettenpräsentation: Die Schüler stehen in gestaffelten Halbkreisen vor der Pinnwand/Tafel und heften ihre vorbereiteten Stichwortkarten nach und nach an. Jeder hat in der Regel nur eine Karte und muss von Fall zu Fall entscheiden, ob und wie er sich anschließen möchte.

Zufallsgruppe/Zufallstandem: Gruppen- bzw. Tandembildung mittels Abzählen, Spielkarten, Puzzlebildung, Namenskärtchen oder anderen Formen des Losverfahrens.

Weitere Begrifflichkeiten werden im Internet unter www.klippert-medien.de erklärt.